SATISH KUMAR

# Amor radical

De la separación a la conexión con la Tierra,
con nosotros y con los demás

Traducción del inglés de Miguel Portillo

**Título original:** RADICAL LOVE

© 2023 by Satish Kumar
Todos los derechos reservados. No se puede reproducir ninguna
parte de este libro, de ninguna manera, sin la autorización por escrito
de Parallax Press.

© de la edición en castellano:
2023 Editorial Kairós, S.A.
Numancia 117-121, 08029 Barcelona, España
www.editorialkairos.com

© de la traducción del inglés al castellano: Miguel Portillo

**Revisión:** Alicia Conde
**Diseño cubierta:** Editorial Kairós
**Foto cubierta:** Anabel Vargas

**Fotocomposición:** Florence Carreté
**Impresión y encuadernación:** Índice. 08040 Barcelona

**Primera edición:** Noviembre 2023
**ISBN:** 978-84-1121-178-9
**Depósito legal:** B 17.640-2023

Todos los derechos reservados.
Cualquier forma de reproducción, distribución, comunicación
pública o transformación de esta obra solo puede ser realizada
con la autorización de sus titulares, salvo excepción prevista por
la ley. Diríjase a CEDRO (Centro Español de Derechos Reprográficos,
www.cedro.org) si necesita algún fragmento de esta obra.

---

Este libro ha sido impreso con papel que proviene de fuentes respetuosas
con la sociedad y el medio ambiente y cuenta con los requisitos necesarios
para ser considerado un «libro amigo de los bosques».

Todos los buenos pensamientos,
palabras y acciones están impregnados de amor.

Para Vinoba Bhave

# *Sumario*

**Introducción**
Amor radical en tiempo de crisis | 11

**Parte I**
**El amor lo es todo** | 21

1. Un monzón de amor | 23
2. Amor para todos | 27
3. Unidad | 33
   *Meditación sobre la unidad de la vida* | 37
4. Diversidad | 39
5. Ecología del amor | 43
6. Una Trinidad de amor | 47
7. Tierra | 51
8. Semillas | 55
9. Agua | 59
10. Oda a la Madre Tierra | 63
    *Meditación sobre los cuatro elementos* | 65

**Parte II**
**El amor radical en el mundo** | 67

11. Una visión ecológica del mundo | 69
12. Una economía del amor | 75
13. Localismo | 81
14. Las ciudades | 85
15. Un continuo urbano-rural | 89

16. Bután | 95
17. Civilización ecológica | 101
18. Paz | 107
19. Protestar, proteger y construir | 113
20. Acción | 119

**Parte III**
**Amor radical por uno mismo y por los demás** | 125

21. Un manifiesto de amor | 127
22. Los cuatro obstáculos para el amor | 131
    *Meditación sobre los cuatro obstáculos al amor* | 137
23. Caminar | 139
24. Alimentos y huerto | 145
25. Sencillez | 153
26. Razón y ciencia | 159
27. Aprender | 165
28. Generosidad | 173
29. Diez maneras de amar | 179

**Agradecimientos** | 181

Déjate atraer silenciosamente por la fuerza
de lo que realmente amas.

Rumi

# *Introducción*

## Amor radical en tiempos de crisis

*En cada crisis toma el camino más elevado,*
*el de la compasión, el coraje y el amor.*

AMIT RAY

La gravedad y el amor son dos aspectos de una única realidad. Son los principios organizadores de nuestro precioso planeta y de nuestro asombroso universo. La gravedad domina lo físico, nuestro mundo exterior. El amor domina lo metafísico, nuestro mundo interior. La gravedad sostiene nuestra existencia material, mientras que el amor alimenta nuestra existencia espiritual. La gravedad es para el cuerpo lo que el amor es para el corazón, el alma y la consciencia. La gravedad se relaciona con lo que se puede medir, mientras que el amor se relaciona con lo que se puede imaginar. La gravedad sostiene la materia; el amor le da sentido. Al final, todo se mantiene unido por el amor.

El amor es difícil de definir, pero cada uno de nosotros siente en lo más profundo de su corazón lo que significa. Para mí, el amor es la fuente de todas las relaciones positivas y creativas. El amor proporciona la base para la familia, la amistad, el compañerismo, la comunidad y la camaradería. El amor da paso a la compasión, la bondad, los cuidados, la cortesía y la cooperación. Del amor nace la humanidad, la humildad, la hospitalidad y la armonía.

La falta de amor conduce a la guerra, al conflicto, a la competitividad, a la explotación, a la dominación y al sometimiento de las personas y de la Naturaleza. El militarismo, la carrera armamentística, la inseguridad y las rivalidades de todo tipo surgen donde no hay amor. Cuando no hay amor, hay pobreza, desigualdad, injusticia, segregación racial y discriminación de castas o clases. Las nubes oscuras del nacionalismo estrecho, el racismo miserable y el sexismo degradante se disipan con la luz del amor. En el amor, encontramos el fin de la separación y el aislamiento. En el amor, comienza la conexión y la comunicación. El amor crea unión y comunión.

He descubierto que, sea cual sea el problema, el amor es la única solución. Cualquiera que sea la pregunta, el amor es la respuesta perfecta. Las patologías del orgullo, la codicia, la ira y el miedo pueden tratarse con el poder curativo del amor. El amor es la medicina para el exceso de ego y ansiedad, para la enfermedad de la depresión y la desesperación. La vida sin amor es como un pozo sin agua, un cuerpo sin alma o palabras sin significado. El verdadero propósito de la vida es amar. Cuando existo en el amor, paso de la codicia a la gratitud, de la propiedad a la relación, del *glamour* a la gracia y del apego al compromiso.

Personalmente, he sido bendecido y agraciado con el amor incondicional e ilimitado de innumerables personas a lo largo de mi vida. Todas las partes de mi cuerpo, mente y espíritu se han nutrido de esta abundancia de amor. Mi querida compañera de vida, June, ha sido una fuente de amor constante durante los últimos cuarenta años. Nos conocimos en la cripta de St. Martin-in-the-Fields en Trafalgar Square, Londres, en 1971. Me enamoré nada más verla. Yo realizaba una corta visita a Europa con un billete de vuelta en la maleta. Tras conocer a June, cancelé el billete, dejé mi vida en la India, y me instalé con June en Londres. Leíamos poesía juntos, editábamos juntos, cultivábamos juntos, cocinábamos juntos y caminábamos juntos. Al lado de June, el amor en mi vida se convirtió en una realidad viva.

Todos los grandes maestros y reformadores sociales desde la antigüedad hasta nuestra época tienen un tema común: el tema del amor. Desde el Buda hasta Jesucristo, desde Mahavira hasta Mahoma, desde Lao Tzu hasta el Dalái Lama, desde la Madre Teresa hasta Martin Luther King, desde Mahatma Gandhi hasta Nelson Mandela, y desde Joan Baez hasta John Lennon, todos han resumido sus enseñanzas en una palabra: Amor.

El amor es más que un ideal religioso o espiritual. El amor es una fuente de alimento para la imaginación humana. Los grandes poetas y pintores siempre se han inspirado en esa narrativa común que es el amor. Shakespeare exploró su pasión en 154 sonetos, por no mencionar las innumerables formas en que articuló el poder perdurable del amor en sus obras de teatro. De Tolstoi a Tagore, de Goethe a Goya, de Pushkin a Picasso, de Blake a Botticelli, de Rumi a Ruskin, la lista de escritores, poetas y artistas que se han inspirado y alimentado en el amor es interminable. Ya sea amor a la naturaleza, a la humanidad o a Dios, el amor es la semilla de la que han crecido los árboles de la literatura y el arte. Es el amor lo que nos alimenta en los mejores y en los peores momentos. Y la humanidad se enfrenta a una época en la que nuestra propia existencia está amenazada, una época en la que el amor puede marcar la diferencia.

El año 2020 será recordado como el año del COVID-19, el año del distanciamiento social, de los cierres patronales y de permanecer en casa incluso cuando el sol brillaba, las flores florecían y los pájaros cantaban sus dulces canciones. Me tomé ese tiempo de cuarentena, o autoaislamiento, como una bendición: un tiempo de retiro espiritual y de reflexión. Leí a Rumi y a Hafiz. Leí los sonetos de Shakespeare. Leí a Rabindranath Tagore. Medité sobre la palabra *cuarentena* y su asociación con la Cuaresma. Aprendí que, originalmente, la *cuarentena* se refería al período de cuarenta días que Jesucristo pasó ayunando en el desierto.

A pesar de la oportunidad de reflexionar en silencio, me sentí abrumado al ver tanto sufrimiento en el mundo, sumido en una crisis sin precedentes. En 2020, yo tenía ochenta y tres años, y nunca había experimentado una situación tan drástica y espantosa en toda mi vida. Estar en esta crisis era peor que estar en un estado de guerra, que ya he experimentado. Las guerras las inician los humanos y los humanos pueden controlarlas o ponerles fin. Pero el COVID-19 fue una muestra del poder de la Naturaleza, mucho más allá del control humano. Mucha gente cree que con la ciencia y la tecnología podemos conquistar la Naturaleza. Pero a través de un nuevo coronavirus, la Naturaleza ha dejado muy claro que hablar de conquista humana es pura arrogancia. El COVID-19 nos ha recordado sin ambages la realidad de la vulnerabilidad humana.

El deseo humano de conquistar la Naturaleza proviene de la creencia de que estamos separados de ella, de que, de hecho, gozamos de un poder superior. Este pensamiento dualista está en la raíz de nuestra incapacidad para hacer frente a muchos de los trastornos naturales a los que nos enfrentamos actualmente, como los incendios forestales, las inundaciones, el calentamiento global y las pandemias. Parece que creemos que de un modo u otro encontraremos soluciones tecnológicas para subyugar a la Naturaleza y hacerla servil. En lugar de buscar las causas profundas del COVID-19, gobiernos, industriales y científicos se han refugiado en la búsqueda de vacunas para evitar la enfermedad. Aunque las vacunas pueden ser una solución temporal, necesitamos pensar y actuar con inteligencia y mayor sabiduría. Más que vacunar para atenuar los síntomas, debemos abordar las causas de la enfermedad.

En respuesta a la pregunta de por qué ha aumentado en las últimas décadas la aparición de infecciones humanas de origen animal, Laura Spinney, periodista científica y autora de *Pale Rider: The Spanish Flu and How It Changed the World*, afirma que «las fuerzas que ponen esos virus en nuestro camino son políticas y económicas. Tienen que ver con el auge de la agricultura industrial y la consiguiente marginación de millones de pequeños agricultores, que se han visto obligados a acercarse a zonas no cultivables, como los bosques, donde acechan los murciélagos, reservorios del coronavirus».

Si quisiéramos abordar las causas del COVID-19, en lugar de simplemente los síntomas, tendríamos que volver a una agricultura ecológicamente regenerativa; a métodos de cultivo a escala humana, locales, con bajas emisiones de carbono y orgánicos. Los alimentos no son una mercancía. La agricultura no debe estar motivada por los beneficios económicos. El objeto de la agricultura es alimentar a las personas con alimentos sanos. El objetivo final de la agricultura es producir alimentos nutritivos sin agotar la salud del suelo. La agricultura con ánimo de lucro es la causa directa o indirecta de los coronavirus.

Para abordar las causas del COVID-19, tenemos que aprender a vivir en armonía con la Naturaleza y dentro de sus leyes. Los seres humanos formamos parte de ella como cualquier otra forma de vida. Por lo tanto, vivir en armonía con la Naturaleza es el imperativo urgente de nuestro tiempo y la principal lección que los seres humanos, colectivamente, debemos aprender de la crisis del COVID-19.

La segunda lección es que todas las acciones humanas tienen consecuencias. En los últimos cien años, las actividades humanas han provocado tanto la disminución de la biodiversidad como el aumento de las emisiones de gases de efecto invernadero, produciendo el cambio climático. Debido a las actividades humanas, los océanos están contaminados por plásticos, el suelo está envenenado con productos químicos artificiales y las selvas tropicales están desapareciendo a una velocidad sin precedentes. Todas estas actividades humanas negativas van a tener consecuencias desastrosas, como inundaciones, incendios forestales y pandemias.

La civilización moderna ha infligido incalculables sufrimientos y daños a la Naturaleza. Ahora estamos cosechando las consecuencias. Debemos cambiar. Debemos avanzar para construir un nuevo paradigma. Para devolver la salud a la gente, debemos devolver la salud a nuestro precioso planeta Tierra. Sanar a las personas y sanar la Naturaleza es una misma cosa. Con el COVID-19, la Naturaleza nos envió un fuerte mensaje. Tenemos que hacer todo lo posible para sanar la Tierra. Sólo las acciones positivas traerán resultados positivos; esa es ley del karma.

La trinidad de Mercado, Dinero y Materialismo ha gobernado la mente moderna durante demasiado tiempo. Ha llegado el momento de frenar y, con humildad, escuchar la voz de la Naturaleza, la voz de la Tierra. Tenemos que sustituir esta vieja trinidad por una nueva: la trinidad de la Tierra, el Alma y la Sociedad. Necesitamos dar la bienvenida a una Era de la Ecología, una ecología del amor.

La humanidad necesita responder a esta crisis de forma positiva y utilizarla como una oportunidad para rediseñar nuestros sistemas agrícolas, económicos y políticos, y nuestra forma de vida. Hemos de aprender a respetar la naturaleza salvaje. Tenemos que aprender a celebrar la abundante belleza y diversidad de la vida. Hemos de darnos cuenta de que los humanos somos parte integrante de la Naturaleza. Que lo que le hacemos a ella nos lo hacemos a nosotros mismos. Todos estamos interconectados e interrelacionados. Dependemos unos de otros. Somos miembros de una comunidad y una familia terrestres.

Si esta visión del mundo se convierte en parte integrante de nuestra consciencia colectiva y nuestro amor por la Tierra se convierte en un principio organizador de la sociedad dominante, entonces tendremos prioridades diferentes y valores distintos. En lugar del crecimiento económico a toda costa, perseguiremos el crecimiento del bienestar de las personas y la salud de nuestro planeta. El poeta y novelista Ben Okri escribió que «la verdadera tragedia sería que superáramos esta pandemia sin cambiar a mejor. Eso sería como si todas esas muertes, todo ese sufrimiento, no significaran nada».

Volver a la normalidad después de esta pandemia no debe ser una opción. Antes del COVID-19, nuestra sociedad ya estaba en las garras de la pandemia del virus de la codicia. Y debido a este virus de la codicia, los bosques, lagos y ríos han muerto, las especies han muerto, los niños han muerto, los pobres han muerto, las víctimas de la guerra han muerto, los refugiados han muerto. La muerte y la destrucción a gran escala han sido la consecuencia del virus de la codicia.

Una crisis es también una oportunidad. En el proceso evolutivo de la Naturaleza, ha habido muchas crisis. La vida ha evolucionado a través de luchas durante largos períodos de tiempo geológico. Quizás esta dolorosa pandemia haya venido a dar a luz una nueva consciencia, una consciencia de unidad de la vida, una consciencia de cuidar y compartir, una consciencia de amor.

Ya hemos visto algunos signos maravillosos de esta nueva consciencia. Médicos y enfermeras de todo el mundo se han puesto en peligro, dando su vida para servir a las víctimas del nuevo coronavirus. Fueron brillantes ejemplos de servicio desinteresado. Aquí donde vivo, en el Reino Unido, cientos de miles de personas corrientes se han ofrecido voluntarias para ayudar al Servicio Nacional de Salud. E innumerables voluntarios de las comunidades locales han cuidado de ancianos y enfermos. En todo el mundo, los gobiernos han suspendido las normas fiscales para ayudar a individuos, comunidades, organizaciones benéficas y empresas. Ha habido un torrente de solidaridad, generosidad, mutualidad y reciprocidad. La gente ha experimentado un sentimiento de profunda pertenencia, profunda gratitud y amor incondicional desde muchas direcciones.

Se olvidaron muchas animosidades. Las naciones cooperaron, ayudándose y apoyándose mutuamente, en lugar de competir y luchar. Rusia envió aviones cargados de material médico a Italia. China hizo lo mismo con Serbia. Si estas cualidades espirituales pueden practicarse en tiempos extraordinarios, ¿por qué no en tiempos ordinarios? Si podemos cooperar y colaborar, amarnos y respetarnos, en tiempos ordinarios, es menos probable que se produzcan condiciones extraordinarias causadas por el comportamiento humano.

Además de este derroche de espíritu humano, también asistimos a una reducción de la contaminación y a una recuperación parcial de los entornos naturales. Se vieron delfines en los canales de Venecia y un cielo azul y despejado sobre las ciudades de Bombay y Pekín. Las emisiones de carbono disminuyeron y las personas y los animales pudieron volver a respirar aire puro. Si podemos tener un medio ambiente limpio en tiempos extraordinarios, ¿por qué no en tiempos ordinarios?

¿Podemos atrevernos a esperar que los individuos, las comunidades y los países aprendan a amarse, a cuidar su medio ambiente, y a crear un nuevo orden mundial una vez superada esta terrible crisis del COVID-19? Como nos recuerda la escritora india Arundhati Roy: «Históricamente, las pandemias han obligado a los seres humanos a romper con el pasado e imaginar su mundo de nuevo. La del COVID-19 no es diferente. Es un portal, una puerta entre un mundo y el siguiente».

Esta experiencia debería infundirnos la confianza y el valor necesarios para emprender acciones audaces que salvaguarden la salud de la Naturaleza y la biosfera. Debemos recordar que estamos sentados en la rama de la Naturaleza. Si cortamos la rama sobre la que estamos sentados, caeremos. A medida que avanzamos más allá del COVID-19, actuemos juntos para cuidar del planeta y de su gente.

Soy consciente de los obstáculos. Hay corporaciones y empresas, gobiernos y negocios que tienen intereses creados en el *statu quo*. Los activistas sociales y medioambientales llevan muchos años advirtiendo de las crisis inminentes, pero con demasiada frecuencia parece que nadie escucha. Durante más de cuarenta años dirigí *Resurgence & Ecologist*, una revista bimestral británica sobre temas medioambientales, activismo comprometido, filosofía, arte y vida ética. El mensaje de *Resurgence* es amar: ámate a ti mismo, ama a la gente, ama al planeta, ama a la naturaleza. Sus artículos se basan en el espíritu de amor, instando a los activistas sociales y medioambientales a despojarse del miedo al pesimismo y a actuar desde el amor. Actuar para defender la belleza y la integridad. El activismo es un viaje y no un destino.

El amor es una expresión de nuestra espiritualidad, nuestra imaginación y nuestra forma de vida. Pero el amor es también un imperativo práctico y ecológico. Mi amigo Deepak Chopra me dijo una vez que el medio ambiente y la naturaleza son nuestros cuerpos extendidos. El aire es nuestra respiración, y los ríos y las aguas nuestra circulación; si no prestamos atención a nuestro ser ecológico, corremos el riesgo de extinguirnos. Así que, aparte de cualquier otra cosa, el amor a nuestro entorno natural es un imperativo de supervivencia.

De mi madre, Anchi, a mi amada esposa, June, de Mahatma Gandhi a mi mentor Vinoba Bhave, y de mis compañeros activistas medioambientales a los muchos colaboradores de *Resurgence*, he aprendido y recibido amor en abundancia. Mi alma ha sido empapada por un fresco monzón de amor. Lo que sigue es una destilación de estas enseñanzas y experiencias, tal como las he entendido. Os ofrezco humildemente este libro a vosotros, mis lectores, con todo mi amor.

SATISH KUMAR

PARTE I

# El amor lo es todo

*El amor no domina, cultiva.*

GOETHE

# 1

# *Un monzón de amor*

*Y si aunque tenga una fe que mueva montañas
me falta el amor, nada soy.*

1 CORINTIOS 13, 2

La vida es un paisaje de amor, y el amor es la celebración de la vida. El amor es el medio y el amor es el fin. El amor es nuestro camino y es nuestro destino. El amor es la meta. El amor es una forma de ser. El amor es una forma de vida. No hay una manera de amar: el amor es el camino.

Enamorarse no es cosa de un día, sino de todos los días. Cuando estamos enamorados, estamos enamorados todo el tiempo. Estamos enamorados en cada momento. En cuanto nos despertamos, nos enamoramos el uno del otro y de la vida misma. El amor nunca termina. El amor perdura. El misterio del amor nos hechiza para siempre. Es amar por amar. No hay otra motivación. El amor no es lógico, el amor es pura magia. El amor es pura poesía y puro placer.

El amor es sagrado. El amor es ilimitado e incondicional. Déjate arrastrar por la fuerza del amor. El verdadero amor es amar incluso cuando tu ser amado es menos que perfecto. Es fácil amar a alguien que es bueno y que se cree perfecto. Pero el verdadero amor es amar incluso a aquellos que pueden no ser tan buenos. Amar es estar libre de críticas, quejas y comparaciones. Practicar el amor universal es reconocer que quienes se comportan mal es porque no han sido amados. El poeta norteamericano W.H. Auden va más lejos al afirmar que «aquellos a quienes se hace el mal devuelven el mal». Quienes son amados aman a su vez. Creemos un monzón de amor y alimentemos a todos los seres vivos. Sólo a través del acto de amar podemos enseñar a otros a amar.

Cuando Cristo dijo: «Ama a tu enemigo», no lo dijo a la ligera. Él creía que el *amor vincit omnia*: el amor todo lo vence. A través del amor los enemigos se convierten en amigos. El amor no guarda un registro de las malas acciones. El amor no es un camino para pusilánimes. El amor requiere valor, valor para poner la otra mejilla. Amar es ser valiente. Canta la canción del amor, ¡y todas tus preocupaciones y miserias se evaporarán! Vive en el éxtasis del amor. Apóyate en el amor.

El amor es la aceptación de uno mismo tal como es y la aceptación de los demás tal como son. La aceptación sin expectativas, sin juicios y sin calificaciones es amor. Libre de expectativas, el amor no encuentra decepción. El amor es aceptar lo amargo con lo dulce, la oscuridad con la luz, el dolor con el placer, todo con ecuanimidad. En el momento en que introducimos el amor en nuestros corazones, transformamos la ilusión en imaginación y la dualidad en unidad. Trascendemos lo que nos gusta y lo que no, y entramos en la celebración de la vida tal como es. Cuando bebemos el dulce néctar del amor, se produce una transformación, como expresó el poeta sufí Jalal ud-Din Rumi:

> Por amor, lo amargo se vuelve dulce;
> por amor, el cobre se convierte en oro;
> por amor, la escoria se vuelve clara;
> por amor, el dolor se convierte en curación.

Este es el poder transformador del amor. Amar es ver a Dios, porque Dios es amor y el amor es Dios. El amor es la religión más grande de la tierra. El amor es majestuoso y magnífico. Donde hay amor, hay esperanza. Así que ama y alégrate.

¿Dónde comenzamos nuestro viaje de amor? Con nosotros mismos. Cristo dijo: «Ama a tu prójimo como a ti mismo». Ese «a ti mismo» es la clave. Como te amas a ti mismo, ama a los demás. Los «otros» son sólo una extensión de ti mismo. Amarse a uno mismo no es egoísta. Si no puedes amarte a ti mismo, ¿cómo puedes amar a otro, y por qué deberías esperar que otro te ame?

Aceptarte como eres y amarte por ser quien eres es un requisito previo para amar a los demás como son y por lo que son. Estamos hechos los unos de los otros.

Los amantes no se ofenden. Los amantes no tienen enemigos. La animosidad es consecuencia del odio, mientras que la amistad es consecuencia del amor. De la misma manera que las abejas aman las flores y producen miel, los amantes se aman y producen felicidad. El amor es el propósito de la vida y a través del amor encontramos el sentido de la vida.

Rumi también dijo: «Tu tarea no es buscar el amor, sino simplemente buscar y encontrar todas las barreras dentro de ti que has levantado contra el amor». Vivir es amar, y amar es arriesgar. Nos arriesgamos a que nos hieran y a no ser amados a cambio. No desees tener un amante; simplemente sé un amante. Tener un amante es el resultado inevitable de ser amante.

El amor despierta el alma, el amor alimenta el corazón, el amor trae alegría a nuestras vidas. El amor es el mantra más hermoso de la mente. El bálsamo del amor cura todas las heridas, las heridas de la ira y la ansiedad, el miedo y el resentimiento.

El amor a uno mismo, el amor a los demás, el amor a la Naturaleza es un continuo.

El amor es tan natural para nosotros como respirar.

El amor que todo lo abarca se manifiesta a través de muchas formas, como la filología: amor por el aprendizaje; la filosofía: amor por la sabiduría; y la filantropía: amor por la gente.

Más íntimamente experimentamos el amor erótico. ¡Qué hermoso es enamorarse y estar en el abrazo de la persona amada! «Te quiero» puede ser la frase más poderosa y hermosa en cualquier idioma. Podemos y debemos enamorarnos todos los días, incluso de la misma persona amada. Amando a una amamos a todas. Enamorarse es un milagro. Nacemos gracias al acto de hacer el amor. Cada uno de nosotros es un hijo del amor. No hay pecado original, sólo amor original.

El amor nos lleva más allá de la razón, del intelecto y de la descripción. Poetas, artistas y místicos experimentan el éxtasis del amor romántico de manera física, emocional, imaginativa y espiritualmente. La poesía y el arte románticos celebran la conexión de nuestros corazones entre sí, con la naturaleza y con los seres humanos. El amor nos lleva a un lugar más allá del bien y del mal, un lugar de magnanimidad y generosidad. Es amor profundo a la vida. Todo lo que necesitamos es amor, porque el amor lo es todo. El amor es la respuesta. ¿Cuál era tu pregunta?

# 2

# *Amor para todos*

*Siempre que tengas la verdad, debes ofrecerla con amor, o el mensaje y el mensajero serán rechazados.*

MAHATMA GANDHI

Una vez que abrimos las puertas de nuestro corazón, podemos dejar que nuestro amor fluya a nivel social, político y ecológico. En mi vida, Mahatma Gandhi ha sido la influencia más profunda para demostrar la conexión entre el amor íntimo y el amor último, el amor personal y el amor político. Sencillamente, alude a lo que todos debemos hacer cuando afirma: «Te ofrezco amor».

Mahatma Gandhi fue un campeón del amor radical. Para él, el amor debe impregnar todos los aspectos de nuestra vida. Todas las actividades humanas deben estar informadas por el amor. El amor debe ser el principio organizador de las vidas individuales, así como de toda la sociedad. Para Gandhi, el amor no tenía fronteras ni límites, ni condiciones. Decía: «Donde hay amor hay vida, y donde hay amor hay luz».

El amor como base de las relaciones personales ha sido aceptado y defendido por muchos. Todas las religiones y la mayoría de las tradiciones filosóficas predican y promueven el amor como base del comportamiento personal. Pero para Mahatma Gandhi, el amor también debería ser la motivación de las políticas, las decisiones económicas y los comportamientos empresariales.

La práctica del amor entre amigos y familiares es buena, pero no suficiente. El amor tiene que salir de los hogares, templos y monasterios. El amor debe practicarse también en los pasillos del poder político y en el mercado.

Todas nuestras actividades de agricultura, educación, medicina, arte y artesanía deben surgir de la base del amor. Todo nuestro trabajo debe ser «amor manifestado». Los profesores deben enseñar no sólo para ganar dinero, sino porque aman a los niños y aman enseñar. Ganarse la vida es un medio para conseguir un fin. El verdadero propósito es servir a los niños. Del mismo modo, los médicos deben ejercer la medicina porque aman curar a los enfermos, los agricultores deben producir alimentos porque aman alimentar a los hambrientos, los políticos deben dedicarse a la política porque aman servir al pueblo y los comerciantes deben dedicarse a los negocios porque aman satisfacer las necesidades de sus comunidades. Cada profesión necesita un propósito.

Para llevar el amor a todas las esferas de la sociedad, Mahatma Gandhi desarrolló el concepto de *Sarvodaya*. Esta palabra tiene muchos significados, entre ellos el bienestar de todos, el amor por todos y la felicidad de todos. Aquí «todos» se refiere a todos los seres sensibles, la armonía a todos los niveles.

Las filosofías políticas como el utilitarismo, el socialismo y el capitalismo consideran la vida humana por encima de todas las demás formas de vida. Según estos puntos de vista, la vida humana es superior a la vida de las plantas, los animales y los océanos, y por ello a los seres humanos se les concede el derecho de controlarlos, explotarlos y utilizarlos a su antojo. Este antropocentrismo es contrario a la filosofía gandhiana de no violencia y amor, que es la base de *Sarvodaya*. El Mahatma creía que el valor de la vida no humana no debía medirse en función de su utilidad para los humanos, porque toda vida tiene un valor intrínseco. Por lo tanto, la reverencia por toda vida es el principio fundamental de *Sarvodaya*.

Mahatma Gandhi rechazó la idea utilitarista del mayor beneficio para el mayor número de personas. Las directrices políticas y económicas deben diseñarse para el bien de todos, y no sólo para la mayoría. La filosofía política y social debe respetar la dignidad de todas las formas de vida y no conceder un estatus superior a ninguna de ellas. Esto incluye la vida humana y la vida que no es humana. Debemos amar la vida animal, la vida vegetal y cualquier otra forma de vida. La contaminación de océanos y ríos con productos agroquímicos y plásticos es violencia contra nuestras aguas. La contaminación del aire con emisiones excesivas de carbono y gases de efecto invernadero muestra una falta similar de amor por el planeta. La destrucción de los bosques, la crueldad con los animales en las granjas industriales y el envenenamiento del suelo con herbicidas e insecticidas son consecuencia de la ausencia de amor. La disminución de la biodiversidad es la disminución de la bondad y la compasión.

La filosofía holística de *Sarvodaya* insiste en cambiar las actitudes humanas, los corazones humanos y las relaciones humanas adoptando a la Naturaleza como guía. Nuestra perspectiva debe basarse en la unidad de la vida y no en la separación y el dualismo entre la vida humana y la vida que no es humana. La transformación interior es el requisito previo para cambiar el comportamiento humano.

Según la ciencia de la evolución, toda la vida ha evolucionado a partir de la misma fuente, del mismo origen único. Los océanos, los bosques y los animales son los antepasados de la humanidad. Todos los seres vivos están hechos de los mismos elementos básicos: tierra, aire, fuego, agua y espacio.

*Sarvodaya* se aleja de la historia de la separación y adopta una historia de relación, reconociendo que todos estamos conectados. La unidad y la diversidad son complementarias. La evolución es un viaje de la unidad a la diversidad, y no un descenso de la unidad a la separación y al dualismo. La diversidad no es división. La diversidad es la celebración de la unidad. Todas las formas de diversidad están interrelacionadas a través de la intrincada red de la vida. A través del amor a la vida, el amor a la Tierra y el amor a la Naturaleza, cuidamos de toda la vida del planeta, sin discriminación, sin juicio y sin excepción.

La mentalidad que divide a los humanos de la Naturaleza es la misma que divide a un grupo de humanos de otro grupo de humanos. Dividimos a la gente en nombre de la casta, la clase, la nacionalidad, la política, el género, la raza, la religión y el estilo de vida. Empezamos a poner a un grupo por encima de otro. Convertimos la diversidad humana en división humana. Esta división conduce a la competencia, al conflicto y a la guerra. Diseñamos nuestra política en interés de un grupo y no de otro. El interés nacional de un país entra en conflicto con el interés de otro. El conflicto de clases conduce a la guerra de clases. El bienestar de la clase obrera se percibe como contrario al bienestar de la patronal. Todo esto es consecuencia de filosofías políticas separatistas y dualistas.

*Sarvodaya* considera que el choque de intereses entre los seres humanos es el resultado del condicionamiento de nuestras mentes. En el gran esquema de las cosas, todos los seres humanos tienen un interés común. Ese interés común puede encontrarse en el amor. Todas las personas desean ser felices, estar sanas y en armonía entre sí y con el planeta. Por lo tanto, con una consciencia basada en el amor, compartimos nuestra felicidad y bienestar con los demás.

Cuidamos unos de otros y cuidamos la Tierra. Diseñamos nuestras políticas para servir a los intereses de todos, sin excepción. Los principios de *Sarvodaya* sugieren que debemos amar incluso a aquellos con los que no estamos de acuerdo. ¡Amor sin separaciones y amor sin fronteras! El amor tiene más poder para ganarse los corazones y las mentes que cualquier cantidad de bombas y armas. Como nos enseñó Gandhi: «Conquistamos con el amor».

¿Cómo hablamos de «todo» sin que parezca demasiado amplio y vago? ¿Por dónde empezamos en nuestra toma de decisiones políticas? Mahatma Gandhi también respondió a estas preguntas. Dijo que, al tomar una decisión política y asignar fondos del presupuesto gubernamental, debemos preguntarnos quién se beneficiará de las decisiones que tomemos. Si una decisión va a beneficiar primero a los más pobres entre los pobres, a los más débiles entre los débiles y a los miembros más desfavorecidos de la sociedad, entonces esa decisión refleja amor por todos. Gandhi rechazaba la teoría del goteo de las decisiones económicas. La economía y la política del amor deben reflejarse en una acción urgente e inmediata para acabar con la injusticia social y la explotación de los desfavorecidos.

En cuanto al amor por todo el planeta, Mahatma Gandhi también tenía una fórmula sencilla: si las actividades humanas producen residuos y contaminación del aire, el agua y el suelo, o infligen dolor y sufrimiento a los animales, entonces esas actividades son contrarias a nuestro amor por la Tierra. Además, los humanos deben practicar la humildad. En lugar de explotar los recursos naturales para satisfacer todas nuestras ansias, codicia, extravagancia y deseos, necesitamos tomar de la Naturaleza sólo lo suficiente para satisfacer nuestras necesidades genuinas, y hacerlo con gratitud. Gandhi dijo: «La Tierra proporciona suficiente para las necesidades de todos, pero no para la codicia de nadie». La Naturaleza no es un mero recurso para la economía; la Naturaleza es la fuente de la vida. En la práctica, amar a la Tierra significa cuidar de nuestro planeta.

No se trata simplemente de un ideal elevado. Es una política pragmática y práctica. Se ha demostrado una y otra vez que la política de separación, división, conflicto y competencia es estresante, derrochadora y contraproducente. La política que sirve a los intereses de un grupo contra otro o a los intereses de los seres humanos contra la Naturaleza, se ha probado y ha fracasado repetidamente. Mahatma Gandhi creía que «el poder basado en el amor es mil veces más eficaz y permanente que el derivado del miedo al castigo». Nos pide que demos una oportunidad a la política del amor.

El ideal del amor se considera a menudo un ideal espiritual, pero para Gandhi no había división entre lo práctico y lo espiritual. Las soluciones a nuestros problemas medioambientales, a la infelicidad personal, a las divisiones sociales, a la desigualdad económica, a los conflictos internacionales, a la discriminación racial y a muchos otros problemas acuciantes residen en una gran idea: *Sarvodaya*: amor para todos.

# 3

# *Unidad*

*Quienes experimentan la unidad de la vida se ven a sí mismos
en todos los seres, y a todos los seres en sí mismos.*

EL BUDA

La separación es la historia dominante de nuestro tiempo. Ante todo, la separación es la separación de los seres humanos de la Naturaleza. Hemos llegado a pensar que la Naturaleza está «ahí fuera». Los montes, los ríos, los océanos, los bosques, los animales y los pájaros son la Naturaleza. Y todas estas partes de la Naturaleza están ahí para servir a las necesidades humanas. El propósito de la ciencia, la tecnología, la industria y la economía ha sido conquistar la Naturaleza y hacerla útil. Está sometida a las necesidades humanas e incluso a la codicia humana. Podemos hacer con la Naturaleza lo que queramos; podemos talar los bosques tropicales, pescar en exceso en los océanos, sacrificar animales en mataderos, envenenar el suelo con productos químicos y matar criaturas salvajes en busca de placer, poder y entretenimiento. Según esta narrativa, la Naturaleza no tiene alma, ni espíritu, ni inteligencia, ni memoria. La Naturaleza es inanimada. La Naturaleza es un mecanismo.

La palabra *naturaleza* significa simplemente nacimiento. Todo lo que nace es de la Naturaleza. Cuando una madre está embarazada, se somete a un control prenatal. Después del parto, se somete a un control postnatal. *Natal, naturaleza, nativo*: todas estas palabras proceden de la misma raíz. Los seres humanos nacemos de la semilla. Por tanto, formamos parte de la Naturaleza tanto como los árboles, los tigres y las tortugas. La Naturaleza no nos pertenece; nosotros pertenecemos a la Naturaleza.

Está surgiendo un nuevo relato, la historia de la Unidad. En esta historia, todos somos miembros de una comunidad terrestre. Aldo Leopold la llamó «comunidad biótica». Todas las especies, humanas y no humanas, son sustentadas por los mismos elementos de la existencia. Todos respiramos el mismo aire, bebemos la misma agua, nos calentamos con el mismo sol y nos alimentamos del mismo suelo. ¿Cómo podemos considerarnos separados de la Naturaleza? ¿Cómo podemos considerarnos dueños de la Naturaleza?

Las culturas indígenas hablaban de la Madre Tierra y el Padre Cielo. Consideraban a las criaturas de cuatro patas y dos alas como sus hermanos y hermanas, miembros de una misma familia terrestre. Algunos vivimos en el suelo, otros vuelan en el cielo y otros nadan en el agua, pero en última instancia toda la vida es una, que se manifiesta en millones de formas y funciones. La diversidad es la danza de una sola fuerza vital. La unidad se celebra en la diversidad de la vida. Todos estamos conectados, todos estamos relacionados. Somos parte integrante de la Naturaleza. La Tierra es nuestro hogar común.

La vieja historia de la separación ha infectado el conjunto de las relaciones humanas. En nombre de la nacionalidad o la religión, bajo el manto del color o la raza, hemos levantado grandes muros de estrecho interés propio que separan a una nación de otra, a una religión de otra. El interés nacional estadounidense entra en conflicto con el interés nacional de Rusia. La India y Pakistán, China y Japón, y muchas otras naciones en conflicto ven sus intereses nacionales enfrentados. Hemos olvidado la verdad fundamental de que antes de ser estadounidenses o rusos, israelíes o palestinos, hindúes o musulmanes, chiíes o suníes, católicos o protestantes, negros o blancos, somos miembros de una misma tribu humana. Sea cual sea nuestra nacionalidad o religión, todos somos humanos. Bajo nuestra piel corre la misma sangre. A nivel cuántico, todos somos protones y fotones.

La nueva historia es la historia del pluralismo radical. Es maravilloso tener diversidad de culturas y colores, nacionalidades y religiones, credos y filosofías. Sería sumamente aburrido que los siete mil millones de seres humanos de esta Tierra tuvieran una sola lengua o una sola religión o un solo sistema político. La evolución favorece la diversidad: biodiversidad, diversidad religiosa y cultural, diversidad política y económica, diversidad de verdades y lenguas. Dejemos que florezcan mil flores y que un millón de mentes sean libres. La Tierra es abundante. Hay suficiente para que todos compartamos y celebremos. No hay necesidad de temer ni de luchar. Sustituyamos la vieja historia del estrecho interés nacional por esta nueva historia del interés humano común. Sustituyamos la vieja historia de la separación por la nueva historia de la unidad, de la re-unión. Transformemos nuestras divisiones en diversidad y dialoguemos sobre nuestras diferencias. En última instancia, sólo hay una Tierra, sólo hay una humanidad y sólo hay un futuro. Como dijo E.M. Forster: «Sólo conectaos [...] y el amor humano se verá en su apogeo. No viváis más en fragmentos».

Podemos elegir percibir la diversidad como división o como celebración de la unidad. Podemos mirar al mundo y verlo entero y percibirlo como una red de relaciones, o podemos percibir el mundo como un conjunto de entidades fragmentadas y desconectadas que luchan entre sí. En opinión de Thomas Berry, un ecoteólogo estadounidense: «El universo no es una colección de objetos, sino una comunión de sujetos». ¡Todos los seres vivos, humanos y no humanos, pertenecemos a un gran Árbol de la Vida!

La mente, cansada de divisiones y conflictos, busca crear un mundo uniforme. A nivel global, hemos empezado a ver arquitectura uniforme, alimentos, bebidas y ropa uniformes. Las cadenas de franquicias de tiendas y restaurantes venden los mismos artículos producidos en masa de Nueva York a Nueva Delhi, de Pekín a Berlín. Esta uniformidad es cualquier cosa, menos unidad.

Tenemos que recordar la sencilla verdad de que las guerras, el terrorismo, el cambio climático, la pobreza y otros grandes problemas humanos no son más que síntomas de la enfermedad profundamente arraigada de nuestra separación de la Naturaleza y nuestra desconexión de nuestra comunidad humana. A menos que abordemos las causas profundas de nuestras crisis ecológicas y sociales, no seremos capaces de minimizar o mitigar el dolor de la pobreza, la agonía de las guerras y la angustia causada por el cambio climático. Al adoptar una nueva historia de unidad, cambiamos nuestra visión antropocéntrica del mundo por una visión ecocéntrica; pasamos del interés propio al interés común, descubriendo la unidad en la diversidad.

## Meditación sobre la unidad de la vida

La palma izquierda representa el yo; la palma derecha representa el mundo.
Uno mis dos palmas y, al hacerlo, me uno al mundo.
Me inclino ante la vida sagrada, la Tierra sagrada, el universo sagrado, el cosmos sagrado.
Me inclino ante la tierra sagrada, el aire sagrado, el fuego sagrado, el agua sagrada, el espacio sagrado.
Veo a todos los seres en mí y a mí mismo en todos los seres.
Veo todo el universo en mí y a mí mismo en todo el universo.
Soy un microcosmos del macrocosmos.
Estoy hecho de tierra, aire, fuego y agua.
El cosmos es mi país, la Tierra mi hogar, la Naturaleza mi nacionalidad y el amor mi religión.
Todos los seres vivos están sustentados por la misma fuerza vital, el mismo flujo de agua, el mismo calor del fuego y la misma solidez del suelo.
Así pues, todos estamos conectados, todos estamos relacionados, somos interseres.
Compartimos un mismo origen.
La unidad y la diversidad danzan juntas.
Todo nuestro florecimiento es mutuo.

Celebro la mutualidad, la reciprocidad y la relación.
Cuando terminan la separación y la división, también cesa el sufrimiento.
Voy más allá de lo correcto y lo incorrecto, más allá de lo bueno y lo malo.
Me inclino ante la unidad de la vida. Me inclino ante la diversidad de las formas.
Inspiro y espiro.
Sonrío, me relajo y me suelto.
Abandono toda expectativa, apego y ansiedad.
Abandono toda preocupación, miedo e ira.
Suelto el ego.
Inspiro. Espiro.
Sonrío, me relajo y me suelto.
Estoy en casa. Estoy en casa. Estamos en casa.

———

## 4

## *Diversidad*

*He decidido quedarme con el amor,
el odio es una carga demasiado pesada.*

MARTIN LUTHER KING

Inspira y espira suavemente. Y cuando inspires y espires, recuerda que todos estamos respirando el mismo aire. Toda la humanidad respira y comparte el mismo aire. Y lo mismo ocurre con la vida más allá de la humanidad: los animales, las plantas y los minerales. Toda la vida se sustenta en el mismo aliento. Con ese sentido de unidad de vida y conexión con el todo, inspiramos y espiramos, con atención y corazón. Y disfrutamos del aliento que sustenta la vida, sin el cual no podemos sobrevivir.

Cuando respiramos juntos, pensamos en millones de formas de vida. La diversidad es la clave de una humanidad sana y, por tanto, de un nuevo paradigma y una nueva civilización. La evolución favorece la diversidad. En el principio de los tiempos tal y como los conocemos –en el momento del *big bang*–, no existía diversidad alguna. Había gas y, finalmente, agua. Y después, a lo largo de miles de millones de años de evolución, surgieron millones de especies diferentes: plantas y animales, hongos y bacterias. La biodiversidad es necesaria para el florecimiento de la vida. De toda la vida. Pero, lamentablemente, en pos del crecimiento económico, hemos olvidado nuestra sagrada responsabilidad de mantener la biodiversidad.

Nos hemos confundido. Todos nuestros esfuerzos se dedican al crecimiento económico. La inmensa mayoría de los seres humanos se ha convertido en un instrumento del crecimiento económico. La naturaleza también se ha convertido en un instrumento de crecimiento económico, un recurso que hay que explotar para obtener beneficios. Cuando consideramos la Naturaleza como un recurso para la economía, el único valor de la naturaleza es su utilidad para la producción y el consumo humanos de bienes y servicios. Estamos tratando la Naturaleza como una máquina, como una utilidad. Y por eso medimos su valor en términos de dinero. Sacrificamos la vida salvaje y las zonas silvestres en aras de la economía. El resultado es que estamos haciendo que disminuya la biodiversidad en todos los ámbitos y a todos los niveles a un ritmo alarmante.

Es reconfortante saber que este paradigma industrial –la economía por encima de la ecología– sólo tiene un par de cientos de años. Nuestros hermanos y hermanas indígenas han vivido en armonía con la Naturaleza durante miles de años. Saben que no es un medio económico. La Naturaleza no es un recurso para la economía. La Naturaleza es fuente de vida. Nuestro planeta es una fuente de vida, un organismo vivo. La Tierra es el hogar común de los seres humanos y de todas las demás especies vivas. En nuestra nueva historia, la economía es un subconjunto de la ecología.

Creo firmemente en los derechos humanos, pero tenemos que ir un paso más allá. Debemos decir que la Naturaleza también tiene derechos. Los derechos de la Naturaleza van de la mano de los derechos humanos. Es necesario reconocer y admitir esta interconexión, interdependencia e interrelación. Los derechos de la Naturaleza deben respetarse e integrarse en nuestras constituciones y leyes a nivel nacional e internacional. Debemos proteger activamente la biodiversidad de la producción y el consumo masivos monoculturales que conllevan las economías industriales. Necesitamos una legislación que proteja la Naturaleza y la biodiversidad, que reconozca su valor intrínseco.

Tenemos que volver a aprender a dar más importancia al bienestar del planeta y de la humanidad, en lugar de privilegiar el crecimiento económico, la producción, el consumo, el beneficio y el dinero. Estos son medios para un fin. El fin es el bienestar de nuestro planeta y su biodiversidad, que incluye a las comunidades humanas.

Podemos crear una nueva forma de movernos por el mundo. Un nuevo paradigma. Cambiando nuestras motivaciones e intenciones, todo cambia. Cualquier cosa que hagamos, podemos hacerla como un servicio a todos los seres vivos, como un acto de amor universal por la diversidad de la vida. Podemos recrear una relación más armoniosa y amorosa con nuestro planeta. Podemos sentirnos uno con la Naturaleza. Podemos cambiar nuestra visión materialista, consumista y económica del mundo por una visión holística del mundo cultivando el amor por la diversidad.

Hemos que crear una nueva economía, una economía natural, una economía del amor.

La naturaleza es abundante y nunca se desperdicia. La fruta que no se come vuelve a la tierra y la fertiliza: un sistema perfecto. Nosotros podemos aprender todo lo que necesitamos aprender sobre la diversidad de la Naturaleza. La Naturaleza es nuestra maestra. La Naturaleza es nuestra mentora. Todo lo que necesitamos es intentar comprender sus enseñanzas.

Si queremos crear un nuevo paradigma –una nueva economía–, una civilización en la que los seres humanos y la Naturaleza puedan vivir en armonía, tenemos que empezar por crear un nuevo tipo de educación basada en el principio de la diversidad. Mientras aprendemos ciencias, matemáticas, historia y geografía en escuelas y universidades, también tenemos que aprender a amar la diversidad de la Naturaleza y la diversidad de las personas. Aprender a amar la diversidad y a ser compasivos es tan fundamental para la vida como aprender de dónde venimos y adónde vamos. Desde una edad temprana, debemos celebrar la biodiversidad y la diversidad cultural de nuestro precioso planeta Tierra.

# 5

# *Ecología del amor*

*El amor está en la flor / tienes que dejarlo crecer.*

JOHN LENNON

Fue Arne Næss, filósofo noruego, quien distinguió entre ecología superficial y ecología profunda. La ecología superficial considera que la conservación de la naturaleza es importante, pero sólo en la medida en que la naturaleza es útil para el ser humano. Es una visión antropocéntrica. En esta visión, los seres humanos son la especie especial y superior. El mundo natural existe con un único propósito: servir a las necesidades humanas. Según la ecología superficial, los humanos deben cuidar el medio ambiente –los animales, los océanos, los ríos y los bosques– para que podamos beneficiarnos de la Naturaleza durante mucho tiempo. Los ecologistas superficiales desean un futuro sostenible para la humanidad y ven la Naturaleza como un «recurso» para la economía.

Para los defensores de la ecología profunda, la Naturaleza tiene un valor intrínseco. La Naturaleza no es un recurso para la economía, sino la fuente de la vida misma. Los árboles son buenos, no sólo porque nos proporcionan oxígeno, absorben nuestro dióxido de carbono y nos ofrecen sombra, fruta y madera. Los árboles son buenos en sí mismos. Los árboles, como los océanos y las montañas, estaban aquí antes de que los humanos irrumpieran en escena. ¿Cómo podemos decir que los humanos son superiores a la Naturaleza y que la Naturaleza está aquí para los humanos? Los ecologistas profundos no sólo reconocen los derechos humanos, sino también los derechos de la Naturaleza. Por ello, los ecologistas profundos ven la ecología superficial como una especie de arrogante imperialismo humano, en el que los seres humanos profesan ser los gobernantes del mundo natural.

La ecología del amor dice sí a todo lo que afirma la ecología profunda y añade una dimensión extra: considera que la Naturaleza es sagrada. Dice que la vida es sagrada y que los humanos deben cultivar un sentimiento de gratitud hacia la Naturaleza.

Todas las religiones tienen una tradición reverencial hacia la Naturaleza. Para los cristianos, el patrón de la ecología fue san Francisco de Asís, que convenció al lobo asesino de Gubbio para que viviera en paz con sus víctimas. Hay una nueva consciencia entre muchos grupos religiosos que consideran su deber sagrado plantar árboles, cuidar la tierra y ser compasivos en las prácticas agrícolas y ganaderas. La reverencia por la vida es un impulso religioso. Es una responsabilidad religiosa ser generoso y amable con la Naturaleza. Tener un sentido de gratitud por todos los dones de la vida que recibimos cada día es un imperativo espiritual. ¿Cómo podemos despreciar, faltar al respeto y destruir si creemos que la Naturaleza es creación y don de Dios?

Los ecologistas superficiales creen que la Naturaleza es inanimada. Los humanos tenemos mente, inteligencia y conciencia. Pero desde el punto de vista de la ecología del amor, la Naturaleza también tiene mente, espíritu, alma e inteligencia. La semilla de manzana tiene memoria: sabe exactamente en qué convertirse. Ser o no ser podría haber sido una pregunta para el Hamlet de Shakespeare, pero no lo es para la semilla de manzana. La semilla del ser nunca se confunde. Conoce su verdadera naturaleza. Sabe quién es, qué es y qué quiere ser.

Cuando era pequeño, mi madre me decía que venerara a los árboles.

—¿Por qué, madre?– le preguntaba.

—El árbol es nuestro maestro, y es el mayor maestro del mundo —respondía ella–. Incluso más grande que el Buda.

—Pero, madre, eso no puede ser verdad –objeté–. No hay mayor maestro que el Buda. Él fue nuestro mayor maestro.

—Hijo mío, ¿dónde experimentó el Buda la iluminación? Ocurrió mientras estaba sentado bajo un árbol. Hoy en día, no encontramos la iluminación porque no nos sentamos bajo los árboles. Cuando el Buda estuvo sentado bajo un árbol, aprendió el principio de la armonía en el universo. El sol y la lluvia están en armonía con el árbol. El árbol se nutre de la tierra, y esa tierra se transforma en fruto. El fruto alimenta a las personas, a los pájaros y a las abejas. Todos los fenómenos están interconectados y son interdependientes. Todos nosotros estamos relacionados. El Buda aprendió todo eso de los árboles.

En el momento en que nos damos cuenta de que todos estamos relacionados, este planeta se convierte en nuestro hogar. Los pájaros que vuelan en el cielo son nuestros parientes. Los ciervos y los conejos del bosque son nuestros hermanos. Incluso los tigres y los elefantes, las serpientes y las lombrices de tierra son miembros de una misma familia terrestre. Sin la lombriz de tierra no habría comida en nuestra mesa. La lombriz de tierra trabaja día y noche, sin librar los fines de semana, sin vacaciones, sin salario. Larga vida a las lombrices de tierra, digo yo. Darwin desarrolló su teoría de la evolución mediante el estudio de las lombrices de tierra, así que vamos a estar agradecidos a las lombrices de tierra por el don de la comprensión. En el momento en que albergamos ese sentimiento de gratitud, tenemos una ecología de amor.

En la perspectiva de la ecología superficial, los seres humanos y la Naturaleza están separados. En la ecología del amor, los humanos y la Naturaleza son uno. Todos estamos hechos de tierra, aire, agua y espacio. Todo lo que hay en el universo está en nosotros. Sin el sol o la luna, no podemos ser. Cada uno de nosotros es un universo en miniatura, un microcosmos del macrocosmos. Dentro de una ecología del amor, los seres humanos se dan cuenta de la unidad expansiva de la vida, y todas nuestras estrechas y mezquinas desconexiones desaparecen. En una ecología del amor, todos somos miembros de una comunidad terrestre, de una familia.

Al concluir su libro *Breve historia del tiempo*, el científico Stephen Hawking dijo que algún día conoceríamos la mente de Dios. Con la ecología del amor, podemos conocer la mente de Dios en este mismo momento. Dios no está más allá del cielo. Dios está en todo el cosmos. Dios significa consciencia cósmica. Sólo necesitamos expandir nuestra consciencia y saber que cada uno de nosotros es un cosmos en miniatura. Todas las fuerzas están en nosotros, y nosotros estamos en el cosmos. La ecología del amor nos permite sentirnos en casa y a gusto en este hermoso planeta y en este maravilloso cosmos.

6

# *Una Trinidad de amor*

*Mantente alejado de la visión única y del sueño de Newton.*

WILLIAM BLAKE

El amor radical es una visión de transformación total y una visión de armonía holística. La existencia es una realidad multidimensional y no una visión unidimensional. Hacemos nuestra vida más perfecta a través del amor a la Naturaleza: Tierra; el amor a uno mismo: Alma; y el amor por los demás: Sociedad. Se trata de una trinidad de amor para una nueva era.

En la *Bhagavad Gita*, el Señor Krishna dice al guerrero Arjuna que desde el principio de la vida uno existe en tres dimensiones: la natural, la espiritual y la social. Los cinco elementos son un regalo del universo a todas las formas de vida. Como humanos, respiramos aire y bebemos agua para mantener la vida. Cultivamos alimentos en la tierra para alimentarnos. Utilizamos el agua para cocinar y calentarnos, y vivimos en el espacio. La economía del universo es una economía de dones, basada en la reciprocidad. No es una economía de robo, que genera residuos, contaminación y desigualdad. Es nuestra responsabilidad asegurar que los elementos se mantengan en buen orden, limpios, puros y reabastecidos regularmente. En la tradición védica, este acto de reposición se llama *yagna*, que significa amor a la Naturaleza, o amor al suelo, ya que el suelo simboliza todos los elementos naturales.

Desde el día de nuestro nacimiento, tenemos un cuerpo, sentidos, inteligencia y un alma: el yo, todo nuestro ser. Al igual que se nos exige mantener la pureza e integridad de los cinco elementos externos para nuestro bienestar, también se nos exige permanecer constantemente atentos a la pureza, integridad y salud de nuestros elementos íntimos: nuestra mente, cuerpo, espíritu e inteligencia. A lo largo de nuestra vida, experimentaremos agotamiento, estrés e incluso desesperación. Por lo tanto, es nuestra responsabilidad encontrar formas y medios de reponer, recuperar y nutrir nuestras almas, nuestro propio yo. El cuidado de uno mismo no es un acto egoísta; es un imperativo y un requisito previo para el cuidado de los demás. Este autocuidado se conoce como *tapas*, que significa amor a uno mismo o amor del alma.

No nacemos como individuos aislados y desconectados. Somos miembros de nuestras familias, nuestros barrios, nuestras comunidades y nuestras sociedades en general. Así como recibimos de la Naturaleza los dones de la comida, el agua, el aire y el calor, y de nuestras almas los dones de la imaginación, la consciencia, la memoria y la inteligencia, también recibimos muchos dones de nuestra comunidad humana. Estos dones incluyen la cultura, la arquitectura, la literatura, la filosofía, la religión, las artes, la artesanía y muchos más. Hemos recibido estos dones de quienes vivieron en el pasado, y seguimos recibiéndolos en el presente. No estamos aquí simplemente para consumir los dones de los demás; somos responsables de ofrecer dones similares a cambio. Debemos aportar nuestra creatividad, nuestro talento y nuestras habilidades como ofrendas para enriquecer el orden social. Esta retribución a nuestras comunidades debe ser un reconocimiento del hecho de la mutualidad y la reciprocidad. Cuando esto se hace con un sentido de servicio desinteresado, se conoce como *dana*, que significa amor a todas las personas, independientemente de su casta, clase, religión, raza o nacionalidad.

Estos tres principios intemporales de la *Bhagavad Gita* –*yagna*, *tapas*, *dana*– son tan relevantes hoy como lo eran cuando se formularon por primera vez hace miles de años. He adaptado y reformulado estos principios para nuestra época, una nueva trinidad para nuestro tiempo: Tierra, Alma y Sociedad.

Nuestra sociedad fomenta la especialización del pensamiento, pero es importante recordar que esta trinidad representa tres aspectos de una visión holística. Hay quienes pueden tener la tentación de dedicarse enteramente a la conservación y la protección de la Naturaleza, mientras que las dimensiones espirituales o metafísicas no entran en su consciencia. Otros podrían dedicarse de lleno a la búsqueda espiritual –la práctica de la meditación y el yoga, el estudio de textos espirituales y una vida de superación personal– sin preocuparse demasiado por la conservación del mundo natural. Otros pueden dedicar su vida a las causas de la justicia social, los derechos humanos y la igualdad económica. Para ellos, las cuestiones espirituales pueden parecer mirarse el ombligo y la conservación de la naturaleza algo demasiado alejado de la experiencia humana.

Debemos abandonar por un momento todas las ideas preconcebidas y considerar la perspectiva holística que ofrece la *Bhagavad Gita*, según la cual todo está conectado y relacionado. Todos estamos hechos los unos de los otros. La naturaleza, el espíritu y la humanidad son tres dimensiones de una misma realidad. Aunque nos centremos en una dimensión de nuestra existencia terrenal, debemos ser conscientes de los vínculos sutiles y ocultos entre lo exterior y lo interior, entre lo social y lo espiritual, y entre lo natural y lo industrial.

Quienes se preocupan por la conservación de la Naturaleza deben recordar que la Naturaleza no «está ahí fuera». Cuidar de los seres humanos forma parte de la conservación de la Naturaleza tanto como cuidar de la vida salvaje. Del mismo modo, defender los derechos de la Naturaleza forma parte de los derechos humanos tanto como trabajar por la justicia social y el desarrollo económico.

La Naturaleza y los seres humanos no son sólo entidades físicas. La Tierra y todos los seres vivos que la habitan, humanos y no humanos, son organismos vivos y complejos. Somos la encarnación de la compasión, la generosidad, la humildad y el amor. Si tenemos un buen orden social y un medio ambiente limpio, pero carecemos de alegría, empatía y amor, ¿qué sería de la vida? Necesitamos un entorno limpio, un orden social justo y una vida personal enriquecedora en la misma medida; necesitamos espiritualidad y amor en nuestros corazones para sentirnos realizados. Esto es lo que el Señor Krishna le dice a Arjuna: no hay fragmentación entre lo natural, lo espiritual y lo social. Somos un todo integrado.

# 7

# *Tierra*

*El suelo es el gran conector de vidas,*
*el origen y el destino de todo.*

WENDELL BERRY

La Tierra es la fuente de la vida de nuestro planeta. Todo lo que hay aquí viene de la tierra y vuelve a la tierra. Si la cuidamos ella cuida de nosotros y de todas nuestras necesidades. El suelo, la tierra, nos da comida, árboles y agua. Nos sostiene sobre su espalda y también sostiene nuestras viviendas, pero es tan humilde que siempre permanece bajo nuestros pies.

Al suelo también se le llama *humus*, de la misma raíz que *humano*, y qué maravillosa conexión: los seres humanos son literalmente seres del suelo. El ser humano debe ser respetuoso con el humus; debe practicar la *humildad*, palabra que también deriva de la misma raíz. Igual que *humedad*. La humildad está relacionada con la humedad. A través de la humedad se nutre el suelo, y a través de la humildad se respeta el alma. Son palabras significativas: *humus*, *humano*, *humedad* y *humildad*.

La civilización industrial considera el suelo inerte y utiliza productos químicos y fertilizantes para darle vida. Esto demuestra nuestra ignorancia –nuestra falta de *humildad*– y nuestra incapacidad para apreciar la naturaleza viva del suelo.

Ha llegado el momento de celebrar la magia de la Madre Tierra.

La palabra *cultura* también está relacionada con el suelo. Según el *Oxford English Dictionary*, hasta finales del siglo XVIII, *cultura* significaba «un terreno cultivado». En otras palabras, el cultivo del suelo. De ahí deriva el término *agricultura*. La naturaleza y la cultura están unidas. No se puede ser culto sin cultivar el suelo y nutrir la Naturaleza. En los siglos XIX y XX, la *cultura* se asoció con el cultivo del alma y la imaginación a través de la música, la poesía, la pintura y la danza. Quienes cultivaban el suelo sabían que también cultivaban el alma. A través de la danza, la música y la pintura populares, los agricultores alimentaban sus almas mientras cuidaban el suelo. La cultura es el puente entre el suelo y el alma, entre el humus y el ser humano.

Con el auge de la modernidad, la industrialización y el urbanismo, surgió el concepto de civilización. *Civil* y *cortesía* significan «de, o perteneciente a, la ciudad». Quienes vivían en las ciudades se autodenominaban ciudadanos civilizados y empezaron a menospreciar a los campesinos, a la gente del campo y a los jornaleros agrícolas. Para muchos, la tierra se convirtió en «sucia», y este cambio de consciencia significó dejar una vida en la tierra para vivir en la ciudad. A los que cultivaban el suelo y se ganaban la vida con la agricultura se les consideró «incivilizados».

La misión de la modernidad era, y sigue siendo, llevar a la gente a las ciudades, donde trabajan en fábricas, tiendas y oficinas, en lugar de en la tierra. Por supuesto, los ciudadanos siguen necesitando alimentos. Así que los alimentos no los produce la agricultura, sino la agroindustria y las granjas industriales. La producción masiva de monocultivos con maquinaria pesada y robots se ha convertido en la forma moderna de cultivar. Ya no es necesario que los agricultores cultiven el suelo, ni siquiera que lo toquen. Su trabajo consiste en ocuparse de las máquinas, conducir enormes cosechadoras y tractores, y dejar que los robots se encarguen del ordeño de las vacas, el sacrificio de los cerdos e incluso la siembra y la cosecha de los cultivos.

La consecuencia involuntaria de este paso de la cultura a la civilización ha sido que la agricultura se ha vuelto totalmente dependiente de los combustibles fósiles. Nos enfrentamos al enorme problema de las emisiones de dióxido de carbono a la atmósfera. El 20-30% de las emisiones de dióxido de carbono están relacionadas con la agricultura industrial, y una cantidad similar con el transporte de alimentos, la refrigeración y la eliminación de residuos alimentarios.

¿Quién iba a pensar que nuestro progreso, desarrollo, modernidad –nuestra civilización– amenazaría nuestra propia existencia? Además de esta inseguridad externa causada por el cambio climático, las sociedades «civilizadas» sufren también de inseguridad interna. Vivimos en la era de la ansiedad. La falta de realización en la vida y la falta de satisfacción en el trabajo están causando desilusión e incluso depresión.

La causa subyacente de esta inseguridad externa e interna es nuestra separación y desconexión del suelo, de la tierra. Bajo la influencia de la civilización, las sociedades modernas han dejado de saber que el ser humano está relacionado con el humus. El imperativo de nuestro tiempo es cultivar el amor por el suelo. Somos parte integrante de la tierra. Lo que le hacemos a la tierra nos lo hacemos a nosotros mismos. Si seguimos envenenándola, nos enfrentaremos a las consecuencias.

El cambio comienza poniendo las manos en el suelo y expresándole nuestro amor y gratitud por ser tan generosa y abundante al proporcionarnos alimento físico y espiritual. Celebrar la tierra es celebrar la vida. La tierra es buena. Es virtuosa. Es bella. Es sabia. Al conectar con el suelo, con la tierra, conectamos con todo el cosmos.

# 8

# *Semillas*

*Lo que le pasa a la semilla afecta a todo el tejido de la vida.*

VANDANA SHIVA

Una semilla es un milagro.
Una pequeña semilla de manzana es el hogar de un
   enorme manzano.
Mira esta semilla de manzana.
Esta pequeña semilla contiene un árbol alto.
De esta semillita de manzana obtenemos ese poderoso
   manzano.
Ese árbol ha estado ahí durante los últimos cuarenta años.
Ese árbol nos ha dado miles de manzanas.
Cada manzana contiene otras seis semillas.
De una sola semilla podemos crear todo un huerto
   de manzanos.
La semilla es muy poderosa.
¿Cómo puede una pequeña semilla convertirse en un
   gran manzano?
Veamos la respuesta.
La semilla tiene que desprenderse de sí misma.
Tenemos que plantar la semilla en buen suelo.
Nunca volveremos a ver esa semilla.
El suelo cuidará de la semilla.

Sin el suelo, la semilla no puede convertirse en un manzano.
Al cabo de unos meses, la semilla nace como un pequeño plantón.
Es muy tierna.
Es una planta pequeña y hermosa.
Hemos que tener mucha paciencia y confianza.
Tenemos que aprender a esperar y ver cómo crece.
Le damos un poco de agua para que se alimente.
Sin agua no puede haber manzano.
Gracias al suelo y al agua, el plantón se hace fuerte.
Forma tronco y ramas.
Es pura magia.
En estas ramas crecen montones de hojas verdes.
En primavera, de repente, florecen maravillosas flores.
Son rosas, blancas e impresionantes.
Las abejas zumban a su alrededor y las polinizan.
Sin las abejas no puede haber manzanas.
De estas suaves flores nacen las manzanas.
El cálido sol del verano las ayuda a madurar.
Sin el sol no puede haber manzanas.
Gracias al sol, el suelo y el agua, las manzanas empiezan a madurar.
Se vuelven coloridas y fragantes.
Se vuelven dulces y jugosas.
Se convierten en manzanas.
Cuando llega el otoño, las manzanas están listas para alimentar la vida.
El manzano es muy amable.
El manzano posee un amor sin límites.

El amor lo es todo

El manzano regala manzanas a todo el mundo.
El manzano nunca pregunta: «¿Llevas dinero encima?».
«Quienquiera que seas, ten manzanas», parece decir el árbol.
Rico o pobre, joven o viejo, blanco o negro, «ten manzanas».
El manzano nunca discrimina a nadie.
El amor del árbol no tiene límites.
El manzano se nutre del sol, el suelo y el agua.
El manzano a su vez nutre a los seres humanos,
    animales, pájaros e insectos.
Las manzanas son un regalo del universo.
Recibimos este regalo con gratitud.
El manzano conoce el ciclo de la vida.
Obtenemos el árbol de la semilla.
Obtenemos semillas del árbol.
El manzano está hecho de suelo.
Con sus hojas, el manzano alimenta el suelo.
La semilla del manzano tiene memoria.
La semilla de manzana recuerda cómo convertirse en
    una manzana; nunca se convierte en pera.
El manzano es una obra de arte.
Los artistas pintan manzanos.
Hacemos fotos de manzanos cargados de frutos de colores.
Los poetas escriben canciones en alabanza de los manzanos.
El científico Isaac Newton vio una manzana caer de un árbol
    y descubrió la gravedad.
El Buda se sentó bajo un árbol y se iluminó.
El árbol de la vida nace de una humilde semilla.
Sin semilla no hay árbol.

Sin el árbol no hay semilla.
La semilla, el sol, el suelo, el agua y las abejas están en armonía con los árboles.
La semilla es humilde; se alegra de estar en el suelo bajo nuestros pies.
Sin embargo, produce miles de manzanas para todos.
Una semilla es un milagro.

# 9

# *Agua*

*Los ríos lo saben: no hay prisa; llegaremos algún día.*

A.A. MILNE

Mi maestro, Vinoba Bhave, tiene su *ashram* situado a orillas del río Dham, cerca de la ciudad de Wardha, en la India central. Una vez, de joven, le visité allí, y estuvimos paseando por la mañana temprano a lo largo del río. Era el momento perfecto del día para disfrutar de las palabras de sabiduría que fluían como el agua más pura de la boca de este gran sabio.

–Sé como el agua, amigo mío.

–¿Cómo puedo ser como el agua? –pregunté.

–Fluye como el agua. Aunque esté en un lago, el agua sigue fluyendo. Mi forma favorita de agua es un río. Siempre en movimiento. Nunca se detiene. Nunca estancada. Nunca apegada.

–¿De qué otra forma debería ser como el agua? –pregunté.

–Vive dentro de tus límites –dijo Vinoba–. Un río fluye dentro de los límites de sus dos orillas y es libre. Tú también puedes disfrutar de tu libertad cuando conoces tus límites y practicas la moderación.

–¿Qué más podemos aprender del agua? –pregunté.

–Sé tan flexible como el agua –dijo Vinoba–. Si metes agua en una botella, adopta la forma de la botella. Si la pones en un vaso, toma la forma del vaso. El agua se acomoda a su entorno, pero nunca pierde su identidad. Tú también puedes ser fiel a tu naturaleza y nunca entrar en conflicto con tu entorno, tus vecinos, tu familia o tus amigos. El agua no tiene enemigos. El agua siempre está al servicio de las plantas, los animales y los seres humanos, saciando su sed y alimentando la vida. También nosotros, los humanos, debemos estar siempre al servicio de los demás. Eso es lo que he aprendido del agua. El agua vive para mantener la vida de los demás.

–¿Está diciendo que debo considerar al agua como mi maestra? –le pregunté.

–¡Sí, eso es exactamente lo que estoy diciendo! –exclamó Vinoba–. El agua es tan suave que puedes beberla. Puedes ponértela en los ojos. Puedes nadar en ella. Sin embargo, el agua también es muy poderosa. Con el tiempo, incluso las rocas angulosas bajo el agua se vuelven lisas. Y a largo plazo, el agua convierte las rocas en arena. Nunca subestimes el impacto del poder blando. Incluso un gran incendio fuera de control es vencido por el poder del agua. Por eso te digo, amigo mío, sé como el agua. –Hicimos una pausa y permanecimos un momento en silencio junto al río–. El agua no es una mercancía –dijo al fin–. El agua es más que un recurso. El agua es la fuente de la vida. El agua es sagrada. Malgastar o contaminar el agua es un pecado contra la Naturaleza. Ama el agua.

Nací en el desierto de Thar, en Rajastán, también conocido como el Gran Desierto Indio. Es el decimoséptimo desierto más grande del mundo y el mayor de la India. Tiene 238.254 kilómetros cuadrados, de los que el 60% están en Rajastán. Así que soy hijo de la tierra arenosa y seca. Si recibíamos seis semanas de lluvia al año, nos considerábamos afortunados. Cada gota de agua que caía en nuestro tejado se guardaba en nuestro depósito de agua, que utilizábamos para beber, cocinar y bañarnos. Al crecer, el agua se tornaba escasa y preciosa. Aquel día hablé de esto con Vinoba mientras estábamos junto al río, dándole las gracias y asegurándole que su charla sobre el agua me había llegado al alma.

Vinoba me recordó un cuento que desde entonces se ha hecho famoso en toda la India, pero que yo estaba a punto de escuchar por primera vez. Mientras volvíamos por el río, Vinoba me contó la historia de la visita de Mahatma Gandhi a la casa señorial de la familia Nehru, en la ciudad de Allahabad. La casa era conocida como Ananda Bhavan, el Palacio de la Alegría. Era 1942, y a Nehru le faltaban cinco años para convertirse en el primer ministro de la India.

A pesar del relativo lujo de la casa, no había agua corriente. Por la mañana, el propio Nehru traía una jarra llena de agua y una palangana para Gandhi. Nehru llevaba una toalla sobre el brazo izquierdo y con la mano derecha vertía agua en la palangana mientras Gandhi se lavaba la cara y se limpiaba los dientes. Mientras vertía el agua, Nehru preguntó a Gandhi sobre sus planes para convencer a la mayoría de los indios de que siguieran el camino de la no violencia en el derecho a acabar con el dominio británico en la India. Gandhi explicó que su ejemplo y su convicción de todo corazón sería la mejor manera de convencer a los demás.

–Lo siento, Bapu –interrumpió Nehru, repentinamente ansioso–. ¿Quieres esperar un momento mientras voy a por más agua?

–¿He terminado toda el agua? –preguntó Gandhi, visiblemente turbado–. Debería haberme concentrado en lavarme y no haberme dejado llevar por todas estas grandes ideas al mismo tiempo. Debería haberme lavado con una sola jarra de agua. Debería haber estado más atento.

–Bapu, no te preocupes. Sé que vienes de Gujarat, una tierra seca y desértica, donde el agua escasea. Pero aquí no hay escasez de agua. Dos grandes ríos confluyen aquí, en nuestra ciudad de Allahabad, e incluso hay un tercer río, un río mítico, que mantiene alto el nivel freático de nuestros pozos.

–Nehruji, usted puede tener tres ríos que fluyen a través de su ciudad, pero eso no me da derecho a malgastar el agua. Mi parte es una jarra al día.

Nehru notó lágrimas en los ojos de Gandhi, lo que le conmovió y sorprendió. Fue entonces cuando se dio cuenta de que Gandhi era realmente un hombre de autocontrol. Convenció a Gandhi de que le permitiera traer media jarra de agua, como excepción, para que pudiera terminar de lavarse. Cuando Nehru regresó con el agua, Gandhi reanudó su baño.

–Sé que pensará que estoy siendo caprichoso –dijo–, pero creo que en el mundo hay suficiente para las necesidades de todos, pero no para la codicia de nadie, por no hablar del despilfarro de nadie. Sobre todo hemos de evitar el despilfarro del agua, que es especialmente preciosa; el agua es la vida misma. Su abundancia no nos da licencia para despilfarrarla. Estábamos hablando de la no violencia; para mí el despilfarro es violencia.

Concluimos nuestro paseo junto al río Dham, y yo agradecí a Vinoba que compartiera conmigo su sabiduría y sus historias.

Hizo un último gesto hacia el río.

–El agua es nuestra maestra y la fuente de nuestras vidas. Debemos aprender a amarla y respetarla, y usarla con gratitud y humildad.

## 10

# *Oda a la Madre Tierra*

*Diciembre de 1972*
*La gente dice: «Cuando muera quiero ir al cielo».*
*En realidad, vas al cielo al nacer.*

JIM LOVELL, astronauta de la NASA

Cuando vi la icónica imagen de la Tierra de la NASA, me enamoré al instante de esa magnífica «canica azul». Y a través de esta increíble imagen, me enamoré de nuevo de la Tierra misma. Escribí esta oda a la Madre Tierra:

> Estaba contemplando una preciosa perla azul en el océano cósmico.
> Un milagro en la mente cósmica.
> En ese momento de éxtasis me dije a mí mismo, esta es Gaia, mi diosa viviente.
> Esta es la Madre Tierra, mi amada madre, y la madre de todos los seres vivos.
> Este es nuestro hogar, nuestro único hogar, el hogar de los humanos, de los animales, de las montañas, de los ríos, de los bosques, de los océanos y de billones de formas de vida.
> Esta es la Tierra viva autosuficiente y autogestionada.
> La Madre Tierra se sustenta a sí misma y nutre a todos sus hijos con comida, agua, aire y calor.

Proporciona ropa, casas, energía, arte, artesanía y cultura a todos sin discriminación ni juicios.

A veces los seres humanos damos por sentada la benevolencia de la Madre Tierra.

Como niños traviesos, nos portamos mal y le faltamos al respeto.

Contaminamos el agua, envenenamos el suelo y corrompemos el aire.

Desperdiciamos energía y despreciamos los límites de las capacidades de nuestra madre y amenazamos la vida de nuestra propia madre.

Creamos conflictos y guerras en nombre de la religión, los sistemas políticos, el nacionalismo o cualquier otra frontera superficial y artificial.

La Madre Tierra ha trabajado duro, durante miles de millones de años, para evolucionar y crear la biodiversidad, la diversidad cultural y la diversidad de la verdad, pero nosotros, los humanos, convertimos las deliciosas diversidades en terribles divisiones y luego pasamos por encima de esas divisiones y nos matamos unos a otros.

A través de la imagen de la hermosa canica azul, nuestra Tierra nos está recordando que debemos trascender estas divisiones artificiales y superficiales y proteger y conservar la maravillosa diversidad de la vida y, al mismo tiempo, celebrar la unidad de la misma.

Al fin y al cabo somos miembros de una sola familia terrestre.

Sin duda, la Madre Tierra cuida de nosotros. ¿Estamos cuidando de nuestra Madre Tierra?

La Madre Tierra nos ama. ¿La amamos nosotros a cambio?

Estoy enamorado de esta magnífica canica azul.

La Tierra es la niña de mis ojos.

Haré todo lo que esté en mi mano para cuidar de nuestra Madre Tierra.

# Meditación sobre los cuatro elementos

La Tierra es una guía espiritual.
La Tierra es paciente, indulgente y generosa.
La Tierra alimenta a todos los seres vivos sin discriminación
 y sin juzgarlos.
Que aprenda a practicar la paciencia, el perdón
 y la generosidad de la Tierra.
Que pueda ser como la Tierra y ser amable con todos.
Saludo a la Tierra.
El aire es un guía espiritual.
El aire es sustentador, vigorizante y energetizante.
El aire mantiene la vida de todos los seres; la vida de un
 santo o de un pecador, de un humano o de un animal,
 de una serpiente o de una araña, de una montaña o
 de un mono.
Que aprenda del aire a mantener, vigorizar y energetizar
 toda vida sin discriminación ni juicio.
Alabo al aire.
El fuego calienta, purifica, capacita e ilumina.
El fuego es un guía espiritual.
El fuego viene del sol.
El fuego disipa la oscuridad.
Que yo sea luz para los que se pierden en la oscuridad

y caliente a los que sufren de corazón helado,
sean quienes sean.

Rindo homenaje al fuego.

El agua es una guía espiritual.

El agua es más suave que una flor y más fuerte que una roca.

El agua sacia la sed y alimenta a todas las criaturas de la Tierra, independientemente de que sean buenas o malas, amables o crueles, poetas o prisioneras, pobres o ricas.

El agua sigue fluyendo, superando todos los obstáculos y purificándose al fluir.

Que yo sea como el agua y sacie la sed de todos, lo merezcan o no.

Que aprenda del agua a ser suave y fuerte al mismo tiempo.

Me inclino ante el agua.

———

PARTE II

# El amor radical en el mundo

*El amor no conoce barreras.*

MAYA ANGELOU

*11*

# Una visión ecológica del mundo

*Nos hemos olvidado de cómo ser
unos buenos huéspedes, de cómo caminar por la tierra
con la ligereza de sus otras criaturas.*

BARBARA WARD

Ecología y economía son como hermanas. Ambas palabras proceden de la raíz griega *oikos*, que significa «hogar» o «casa». *Logos* significa «conocimiento», mientras que *nomos* significa «gestión». Así que podemos pensar en la ecología como «conocimiento del hogar» y en la economía como «gestión del hogar». En la mente de los filósofos griegos, *oikos* es un término muy inclusivo. Es donde una familia se reúne en dormitorios, salones y cocinas, pero una nación también es *oikos* y, en última instancia, todo el planeta es *oikos*. Animales asombrosos, bosques fabulosos, montañas majestuosas, océanos impresionantes y, por supuesto, seres humanos imaginativos y creativos, son todos miembros de este único hogar planetario.

Si meditáramos sobre el significado original y real de la palabra *economía*, pronto nos daríamos cuenta de que es subsidiaria de la ecología. Sin ecología no puede haber economía.

La producción sin fin, el consumo y la búsqueda de beneficios en nombre del crecimiento económico, el progreso y el desarrollo se han convertido en los objetivos más preciados del orden moderno. La Naturaleza, que es otro nombre para *oikos*, se considera un recurso para la economía. Los recursos naturales y las personas se han convertido en medios para un fin, instrumentos para aumentar la rentabilidad de las empresas y corporaciones. Lo llamamos «recursos humanos».

Según una cosmovisión ecológica, la producción y el consumo, así como el dinero y los beneficios, sólo deberían ser un medio para alcanzar un fin. El objetivo final es el bienestar de las personas y la integridad del planeta. Si la producción, el consumo y el crecimiento económico dañan la Naturaleza y explotan a las personas, hay que poner fin de inmediato a esas actividades económicas. La producción y el consumo son necesarios. Pero, desde una visión ecológica del mundo, deben llevarse a cabo con moderación y respetando el equilibrio natural. En la economía de la Naturaleza no hay despilfarro. Por tanto, es un imperativo ecológico que la producción y el consumo humanos de bienes y servicios no produzcan residuos. Los residuos son violencia contra la integridad ecológica de nuestro planeta. Todo lo que tomamos de la Naturaleza debe volver a la Naturaleza. Lo que no puede reabsorberse no debe producirse.

Una economía industrial es una economía lineal. Tomamos material natural de la Tierra, lo procesamos, lo usamos y luego lo tiramos. La consecuencia es que demasiados materiales acaban en vertederos, en los mares y en la atmósfera. Tenemos que sustituir esta economía lineal por una economía cíclica. Todos los bienes y productos deben diseñarse de forma que se garantice su devolución segura a la Naturaleza, sin residuos.

En una economía de la Naturaleza, tampoco hay contaminación. Si nos dejamos guiar por la sabiduría de una conciencia ecológica, también nosotros podemos evitar contaminar la Tierra. La contaminación es una violación de la pureza y la belleza de nuestro hogar.

Si contaminamos el aire, tenemos que respirarlo; si contaminamos el agua, tenemos que beberla, y si contaminamos el suelo, tenemos que comer los alimentos que produce.

Mi madre solía enseñarme que todo lo que producimos y consumimos debe tener tres características. En primer lugar, debe ser bello. La belleza es alimento para el alma. Nuestros sentidos y nuestro espíritu se nutren de la belleza, que enciende la creatividad e inspira la imaginación. En segundo lugar, lo que es bello también debe ser útil. No hay contradicción entre belleza y utilidad. Forma y función deben combinarse armoniosamente. En tercer lugar, lo que es bello y útil también debe ser duradero. Lo que producimos y fabricamos hoy debe tener una larga vida. La obsolescencia programada es violencia contra la naturaleza. Esta fórmula –bello, útil y duradero (BUD)– debería ser la base del estudio de la economía.

Podemos aprender sobre la fórmula BUD observando la Naturaleza y estudiando lo que produce. Los árboles son hermosos. Son hermosos para la vista, tienen equilibrio y proporciones naturales, pero también son muy útiles. Absorben dióxido de carbono y proporcionan oxígeno. Ofrecen cobijo a los pájaros, que anidan entre sus ramas, y proporcionan alimento tanto a los humanos como a los animales. Por último, los árboles son longevos. Un roble o un tejo pueden durar mil años.

Con una cosmovisión ecológica, transformamos la actitud que considera al mundo natural sólo en términos de su utilidad para los seres humanos. Reconocemos la unidad de los seres humanos con todos los demás seres vivos. Reconocemos el valor intrínseco de toda vida, tanto humana como no humana. Así como defendemos los derechos humanos, también defendemos los derechos de la Naturaleza.

En las universidades de todo el mundo se imparten cursos de economía. Esto significa que deberían enseñar a los jóvenes cómo gestionar nuestro hogar terrenal. Una vez me invitaron a la London School of Economics (LSE) para hablar de una visión ecológica del mundo. Antes de mi charla, pregunté a algunos de los profesores si ofrecían cursos que permitieran a los alumnos estudiar una cosmovisión ecológica. Me dijeron que ofrecían cursos sobre política y economía medioambiental y sobre cambio climático y economía, pero no sobre una cosmovisión ecológica como tal. Sugerí que *medio ambiente* y *ecología* no eran lo mismo, y que el cambio climático era consecuencia de un crecimiento económico perjudicial, mientras que el estudio de la ecología fomentaría el conocimiento, la comprensión y la experiencia de todo el ecosistema y de cómo las diversas formas de vida se relacionan entre sí.

La LSE ha enseñado a miles de jóvenes líderes de todo el mundo las técnicas y métodos de la gestión económica. La economía mundial está en sus manos, y lamentablemente no está en buen estado. Pero la LSE no enseña ecología. Esto significa que no están enseñando lo que es este hogar terrenal. Están enseñando a los estudiantes a gestionar algo sin enseñarles qué es lo que van a gestionar. Esto no es sólo un problema de la LSE. Las universidades de todos los países del mundo enseñan economía sin centrarse en la ecología. Es un problema de todo nuestro sistema educativo. Hemos olvidado el verdadero significado de «economía».

Se hace mucho hincapié en la gestión del dinero. La economía se ha reducido a la gestión del dinero y las finanzas en interés de un grupo concreto de personas, en lugar de en interés de todos los miembros de nuestro hogar terrenal. La integración de la ecología y la economía es esencial. Por eso animé a la LSE a adoptar una visión ecológica del mundo al convertirse en LSEE, la London School of Ecology and Economics, haciendo una declaración pública e inequívoca de que todos los estudios de la universidad estarían apuntalados por una comprensión de nuestro hogar terrestre y su correcta gestión. Al tomar una decisión tan audaz y convertirse en LSEE, otras universidades se darían cuenta de que la enseñanza de la economía es incompleta sin la enseñanza de la ecología. Tal y como están las cosas, al ignorar una visión ecológica del mundo, las instituciones académicas de todo el mundo siguen siendo parte del problema.

## 12

# *Una economía del amor*

*El dinero es como el amor,
mata lenta y dolorosamente a quien lo retiene,
y aviva a quien lo dirige hacia sus semejantes.*

KHALIL GIBRAN

En todo el mundo, la gente está obsesionada con el dinero. Y aparte de los dirigentes de un pequeño país –Bután–, todas las naciones del mundo están bajo el hechizo del crecimiento económico. El paradigma del crecimiento ha sustituido a la religión. Es el único factor común que une a casi toda la humanidad. Es el emperador sin rostro que finalmente conquistó el mundo. Su marcha hacia un crecimiento económico cada vez mayor está forzando un conjunto de opciones que, al final, en lugar de ayudarnos a resolver los problemas candentes de nuestro tiempo, nos enfrentan a los mayores desafíos que la humanidad haya conocido jamás.

Pensemos en Estados Unidos, que desde hace tiempo es una de las naciones más ricas y desarrolladas del mundo. Y, sin embargo, ningún crecimiento ha contribuido a resolver los problemas de la pobreza, la desigualdad, la falta de vivienda y las enfermedades. Además, Estados Unidos se ha vuelto cada vez más violento con el paso de los años. La violencia armada y los tiroteos masivos han conmocionado al mundo una y otra vez. El abuso de las drogas ha proliferado. Cada vez más personas son adictas a los opiáceos en

Estados Unidos. La violencia, la depravación y la depresión que asolan a la nación más rica parecen no tener fin.

Si este es el estado de una nación con una economía tan grande –un pionero del crecimiento económico, con cantidades relativamente vastas de tierra y recursos naturales–, entonces ¿qué esperanza puede haber para otros países?

La verdad es que el crecimiento económico no acabará con la pobreza. El crecimiento económico está impulsado por los números y por los procesos de maximización a corto plazo del beneficio privado y de explotación a largo plazo de las personas y la Naturaleza. El crecimiento económico no puede eliminar la pobreza porque, inevitablemente, se creará una nueva clase de pobres que luego se quedará atrás. El viaje tranquilo por el camino asfaltado del crecimiento económico es una ilusión total y debemos liberarnos de ella si queremos acabar con el daño a largo plazo a la Tierra y a su gente. El crecimiento económico infinito en un planeta finito no es alcanzable. Debe llegar un momento en que digamos basta.

En su lugar, podemos y debemos buscar un nuevo paradigma que cambie nuestro enfoque del crecimiento económico al crecimiento del bienestar: una economía del amor, que sólo puede surgir cuando las personas se conectan de nuevo a la Tierra, apreciando la relación alegre y amorosa que puede proporcionar. Junto con un movimiento artístico y artesanal revitalizado que ayude a todos a ganarse la vida, podemos erradicar muchos de los problemas que asolan a las sociedades a escala mundial. Las comodidades modernas serán la guinda del pastel. En la sociedad actual, el glaseado se confunde con el pastel, y este tipo de exceso de azúcar supone la perdición para todos.

Los líderes del mañana serán aquellos que se tomen en serio

este mensaje de una economía del amor, arraigada en la tierra, las artes y la artesanía, basándose en nuevas ideas y aprovechando las oportunidades de liderazgo para una nueva era que no se caracterice únicamente por el crecimiento económico, sino por el crecimiento en sabiduría, plenitud y felicidad.

Esta es la verdadera medida del crecimiento, redefinida para una nueva generación. Una economía del amor ofrece oportunidades ilimitadas para que la gente crezca y prospere en actividades significativas, en lugar de la búsqueda de puestos de trabajo sin sentido y desechables de usar y tirar.

La *oikonamia* –la gestión del hogar– entendida en su verdadero significado puede ser una fuerza para el bien. La propia economía de la Naturaleza ha sostenido el planeta durante millones de años, pero el crecimiento económico moderno, tal y como lo han concebido los seres humanos, ha minado nuestra resistencia y nuestras fuerzas en cuestión de unos cientos de años.

Las naciones obsesionadas con el crecimiento ilimitado van por un camino peligroso, intentando conseguir lo imposible. Con la perspectiva de los últimos cien años, es evidente que el mero crecimiento económico no mantendrá a nuestros ciudadanos bien alimentados, bien vestidos, bien alojados y bien educados, por no mencionar proporcionándoles bienestar y felicidad.

Es hora de rechazar la noción lineal de crecimiento económico que nos ha traído las cargas del consumismo y la contaminación, y que, en última instancia, sólo puede conducir a la destrucción de nuestro planeta. El crecimiento económico se ha logrado contaminando nuestros océanos, quemando nuestros bosques tropicales, erosionando nuestro suelo, destruyendo nuestra biodiversidad y reprimiendo a nuestra gente con mano de obra barata y malas condiciones laborales. ¿Queremos este tipo de crecimiento económico? La economía de la Naturaleza celebra un modelo cíclico o circular, en el que todo sustenta a todo lo demás.

En contraste con la naturaleza destructiva de una economía lineal, una economía circular es un sistema de economía sostenible y regenerativa. Tenemos que sustituir la economía basada en el dinero por la economía basada en el amor. La Tierra lo regala todo a todos los seres vivos. Así pues, la economía de la Naturaleza es una economía del amor. El dinero debe considerarse un medio de intercambio y no una medida de la riqueza. La verdadera riqueza se mide por la salud de nuestra tierra, nuestra gente y nuestra imaginación.

La economía de la educación es otro ejemplo de economía del amor. La mayoría de las personas llamadas a enseñar lo hacen porque quieren servir a los niños mientras aprenden, crecen y maduran. Del mismo modo, la economía de la medicina es una economía del amor. Los profesionales de enfermería y medicina atienden a las personas enfermas porque están llamados a servir, curar y cuidar a los necesitados. La economía del arte y la artesanía es una economía del amor, en la que los artistas y artesanos aman su trabajo manual, la música, la danza, la poesía, la pintura, la cerámica y la carpintería. Si toda la producción de bienes y servicios se realizara con amor, habría más belleza y creatividad, más imaginación y disfrute, más felicidad y armonía.

En el paradigma del crecimiento económico, la producción y el consumo se convierten en el propósito de la vida. La naturaleza se convierte en un mero recurso para hacer dinero y maximizar los beneficios. Las personas se convierten en instrumentos del dinero. Pero en una economía del amor, la producción y el consumo son simplemente medios para un fin. El objetivo final es el bienestar humano y el bienestar del planeta. El urgente imperativo de nuestro tiempo es pasar del crecimiento económico al crecimiento del bienestar, pasar de una economía del dinero a una economía del amor.

## 13

# *Localismo*

*Al entrar en contacto con el amor*
*todo el mundo se convierte en poeta.*

PLATÓN

Una época de crisis es una época de oportunidades. En el contexto de un populismo de derechas en auge, se presenta la ocasión de reflexionar de nuevo sobre el significado de la globalización y el nacionalismo. Por ejemplo, los *Brexiteers* quieren devolver el poder a Gran Bretaña y retomar el control. Del mismo modo, los republicanos de derechas quieren poner «*America First*» y «*Make America great again*». No son más que eslóganes, por supuesto, y debemos recordar que la vida va más allá de los eslóganes.

Por un lado, los *Brexiteers* quieren alejarse de la Unión Europea; por otro, quieren aún más globalización. Quieren comerciar con el mundo, con Nueva Zelanda y Australia, con Asia y África, y con las Américas. Esto requerirá una gran cantidad de transporte de bienes y servicios por todo el planeta. ¿Cuánto combustible fósil más necesitaremos para transportar productos y servicios de continente a continente? ¿Cuál será el impacto de este comercio mundial sobre el medio ambiente? ¿A qué ritmo acelerará el cambio climático? ¿Y quién se beneficiará de estas transacciones globales?

Sólo los actores globales, las corporaciones multinacionales y las grandes empresas saldrán ganando. Los ricos se harán más ricos, mientras que los pobres seguirán siendo pobres. La globalización aumentará la dependencia de la mano de obra barata en el extranjero, al tiempo que aumentará el desempleo en el país, la contaminación del medio ambiente y el despilfarro de los recursos naturales. El matrimonio del nacionalismo estrecho con el globalismo impulsado comercialmente alimentará la desigualdad, la insostenibilidad y la infelicidad.

Ha llegado el momento de una nueva visión del localismo, en la que las personas recuperen realmente el control de sus vidas, sus economías, sus comunidades y sus culturas, al tiempo que se pone fin al abuso sin sentido del medio ambiente.

El amor por el localismo es la potenciación de las economías locales, las culturas locales y los rasgos distintivos locales. Bajo la bandera del localismo, se honra la creatividad de la gente corriente a través del arte y la artesanía. La economía y el comercio tienen un lugar en la sociedad, pero hay que mantenerlos bajo control y no permitir que dominen nuestras vidas. La vida es algo más que comercio y consumismo. Se trata de comunidades y culturas, de belleza y sostenibilidad, de habilidades y vocaciones. Y los seres humanos somos más que meros consumidores: también somos creadores.

El amor al localismo fomenta la autosuficiencia. La gente cultiva y consume alimentos sanos y nutritivos, construye casas bonitas, fabrica artículos de uso cotidiano, promueve el arte y la artesanía, y utiliza la ciencia y la tecnología con sabiduría. Lo ideal sería que el 60% de los bienes y servicios procediesen de fuentes locales, el 25% de zonas nacionales y sólo el 15% viniese de otros países. Cuando se produzca este reequilibrio, habremos recuperado el control de nuestras economías.

Es importante señalar que el localismo y el internacionalismo son complementarios. Tenemos que pensar globalmente, pero actuar localmente. Podemos llamarlo «glocalismo», que dista mucho de ser xenofobia o complejo de superioridad. El nacionalismo estrecho es producto de mentes pequeñas y egos grandes, el glocalismo representa mentes grandes y egos pequeños. Los glocalistas honran y respetan todas las culturas, todas las naciones, todas las razas y todas las creencias. Mutualidad y reciprocidad son los mantras de los glocalistas. Creemos en el intercambio internacional de ideas y artes, música y poesía, danza y teatro, ciencia y filosofía.

Mahatma Gandhi hablaba de la descentralización de la economía y la política. La descentralización requiere localización. E.F. Schumacher dijo que lo pequeño es hermoso, y recomendó mantener la economía a escala humana en lugar de a escala global. Tenemos que retomar la sabiduría de estos pensadores y organizar una economía que sea socialmente justa, medioambientalmente sostenible y espiritualmente plena. Esta economía debe basarse en la imaginación humana, las habilidades humanas, la creatividad humana, la autonomía humana, el espíritu humano y, sobre todo, en el amor. Las economías locales aportan bienestar a todas las personas, mientras que las economías globales se dedican a maximizar los beneficios económicos del 1% de la población a expensas de la cohesión social, la integridad ecológica y la imaginación humana.

No es momento para la desesperación. No es momento para pesimistas. Los pesimistas no pueden ser activistas. Para ser activistas tenemos que ser optimistas. Hemos que tener el valor de nuestras convicciones. Tenemos que avanzar con esperanza. Como dijo Václav Havel: «La esperanza no es la convicción de que algo saldrá bien, sino la certeza de que algo tiene sentido, independientemente de lo bien que salga».

¡El momento de construir economías locales es ahora! Como nos recuerda la poetisa estadounidense Clarissa Pinkola Estés: «Cuando un gran barco está en puerto y amarrado, está a salvo, no cabe duda. Pero los grandes barcos no se construyen para eso». Los grandes barcos salen al mar, se enfrentan a las tormentas y navegan a través de ellas. Nosotros somos capaces de navegar a través de las tormentas del populismo de derechas. Ahora es el momento de los ecologistas, los descentralistas, los localistas, los artistas y los activistas. ¿Podemos dar la talla? ¿Podemos empezar a construir un movimiento localista desde abajo? ¿Un movimiento de base de autosuficiencia y una economía del amor? La propia Naturaleza es nuestro modelo. La Naturaleza es autosuficiente y descentralizada. Una economía de la Naturaleza es una economía local, sin despilfarro ni contaminación, sin prisas ni explotación. Debemos aprender de la Naturaleza y desarrollar la economía del lugar, entonces nosotros también podremos liberar nuestra economía del despilfarro y la contaminación e introducir justicia medioambiental y justicia social juntos.

## 14

# *Las ciudades*

*Las ideas nuevas deben utilizar viejas construcciones.*

JANE JACOBS

Estaba visitando a un amigo en sus oficinas cerca de Oxford Street, en el centro de Londres, cuando, tras una taza de té, me preguntó si quería ver su jardín. Me sorprendió la idea de un jardín en medio de tantas oficinas, supermercados y grandes almacenes, pero seguí a mi amigo mientras nos guiaba escaleras arriba hasta la azotea. Para mi deleite, nos encontramos con un precioso jardín, una azotea llena de hierbas, plantas, flores e incluso colmenas.

Mi amigo me entregó un tarro de miel y me explicó que él mismo la había producido allí: «Las abejas polinizan las plantas y nos dan una miel dulce, deliciosa y curativa –me dijo con orgullo–. Todo esto en medio de Londres, ¿no es un milagro?». Para mí fue una experiencia inspiradora, pues nunca había visto colmenas y exuberantes jardines en lo alto de un edificio en el centro de Londres.

La gente piensa que el centro de Londres es una jungla de cemento. Que, para tener esos jardines, hay que salir del centro de la ciudad o, mejor aún, ir al campo para disfrutar de esos lujos. Pero, si juntamos todos los tejados de Londres –casas, oficinas, escuelas, colegios y hospitales–, hay miles de metros cuadrados de espacio sin utilizar disponibles para cultivar. Ahora multipliquemos esa cantidad por todas las grandes ciudades del mundo. ¿Por qué no utilizar todo este techo vacío para cultivar lechugas y bayas, y dar refugio a las abejas?

Mi amigo entiende el verdadero significado de la palabra *compañía* o empresa, que comprende las palabras latinas *com* («juntos») y *panis* («pan»). Sólo cuando la gente comparte el pan puede convertirse realmente en una compañía o empresa. Así que, además de jardines en azoteas, los locales deben tener cocinas donde la gente pueda degustar comidas recién hechas.

Cuando visito un centro de negocios, pregunto a mis anfitriones si son una compañía. La respuesta es siempre un sí rotundo.

–Claro que somos una empresa.

–Enséñenme su cocina –les insto con una sonrisa.

–¿Qué quiere decir? No somos un restaurante.

–Pero para ser una compañía hay que compartir el pan. Si no tenéis cocina y no horneáis y compartís el pan, ¿cómo podéis ser una compañía?

Siempre me conmueve cuando mi pequeño discurso sobre el origen de la palabra inspira a la gente a responder favorablemente a la idea. Se dan cuenta de que, si compartieran las comidas, habría más compañerismo. Habría más camaradería y convivencia en el negocio, y esto les haría mejores, más fuertes.

No sólo hay una enorme cantidad de azoteas vacías suplicando ser utilizadas para reverdecer cada ciudad, sino que hay hectáreas y hectáreas de espacios en las paredes, que podrían transformarse en jardines verticales. En algunas ciudades, jardineros con mentalidad ecológica han experimentado con éxito el cultivo de guisantes, judías, zanahorias y flores a lo largo de las paredes.

En ciudades soleadas de todo el mundo, las paredes de los edificios altos esperan ser transformadas en jardines verticales. Además de producir alimentos y flores, estos jardines colgantes proporcionarían aislamiento adicional y crearían aire acondicionado natural contra el calor. Y en todas las ciudades del norte o del sur, los jardines en las paredes y en los tejados aportarían el importante beneficio de reducir enormes cantidades de dióxido de carbono del medio ambiente, lo que contribuiría a mitigar los efectos del cambio climático. Además, si de vez en cuando dejamos nuestros escritorios y pantallas para cuidar rosas y romero, tomillo y tomates, conectando con el suelo y desconectando de nuestra tecnología, seremos seres humanos más sanos y saludables.

La jardinería no sólo es buena para alimentar nuestros estómagos, sino también para nuestros cuerpos, espíritus y mentes. Es terapéutica. Para quienes pasan largas jornadas sentados en sus escritorios, el trabajo ocasional en el huerto de la azotea, removiendo el suelo y cuidando el compostaje, ofrecería movilidad y ejercicio sin el coste de una suscripción a un gimnasio ni la necesidad de correr en una cinta. Los huertos en azoteas y muros son más que novedades y placeres visuales, son imperativos de salud para los habitantes de las ciudades.

Las ciudades no deben verse como un impedimento para la sostenibilidad. Casi el 50% de la población mundial vive en ciudades. Estas poblaciones no van a desplazarse a favor de un estilo de vida rural. Por el contrario, tenemos que transformar nuestras ciudades en lugares de vida sostenible, y esto es totalmente factible.

Otro paso hacia las ciudades sostenibles es el uso de la energía solar. Los paneles solares pueden incorporarse entre los jardines de los tejados de todas las ciudades. En lugar de utilizar tierra cultivable para los paneles solares, podemos utilizar los tejados de los edificios de las ciudades, donde los paneles solares pueden coexistir con nuestros jardines verdes. No hay necesidad de cambiar tierra para producir alimentos por paneles solares para producir energía. Debemos proteger las tierras fértiles y soleadas para producir alimentos.

Así como recogemos energía solar de los tejados de las ciudades, también podemos recoger agua. Esta agua sería muy útil para regar los huertos en los tejados y en los muros verticales. Las nubes llevan agua a todos los tejados de forma gratuita y sin utilizar combustibles fósiles. El agua de lluvia es un regalo amable y generoso de la Naturaleza. Deberíamos apreciarla, celebrarla y cosecharla continuamente. Con jardines en los tejados, jardines en las paredes, paneles solares y recogida de agua, podemos hacer que nuestras ciudades dependan menos de recursos lejanos y minimizar los obstáculos para las ciudades ecológicas.

## 15

# *Un continuo urbano-rural*

*Nunca dudes de que un pequeño grupo de ciudadanos
decididos y comprometidos puede cambiar el mundo;
pues son los únicos que siempre lo han conseguido.*

MARGARET MEAD

Si amamos nuestras ciudades, tenemos que hacerlas habitables y sostenibles. También hemos que mantenerlas a escala humana. El tamaño ideal de una ciudad no debería superar los dos millones de habitantes. Un ciudadano de cualquier ciudad debería poder ir andando a un restaurante, una biblioteca, un teatro o una tienda. Las ciudades a esa escala humana deberían estar rodeadas de un campo próspero y vibrante, lleno de granjas, huertos y pueblos. Para un futuro sostenible y regenerador, necesitamos un equilibrio armonioso entre lo urbano y lo rural.

En el contexto de la cultura consumista de Hong Kong, la idea de conservación puede sonar a contradicción. La isla de Hong Kong, a pesar de ser un importante centro financiero mundial y sede de multinacionales, es también una de las más de doscientas islas que componen la región conocida como Hong Kong. Sólo el 25% de la superficie administrativa de Hong Kong está edificada, y allí viven ocho millones de personas, mientras que el 75% restante está formado por colinas, bosques, praderas, campos y granjas. De unos mil kilómetros cuadrados de territorio, aproximadamente ochocientos necesitan conservación, cuidado, cultivo y protección frente al apetito interminable de la industria y sus promotores.

Estos supuestos promotores ven un paisaje prístino de praderas y campos como zonas a la espera de ser urbanizadas, pero Hong Kong, como todos los grandes centros, tiene su cuota de ecoguerreros que luchan por protegerla, y me alegra contar con algunos de ellos entre mis amigos personales. Son los defensores de lo llamado subdesarrollado, y están dando maravillosos ejemplos que ponen de relieve que existe otra economía además de la de los bancos, las empresas y los constructores. Es la economía de la Naturaleza, que nos recuerda constantemente que los recursos naturales no son meros medios para obtener beneficios, sino que la Naturaleza es la fuente de la que se nutre toda vida.

El 40% de la superficie administrativa de Hong Kong está designada como parques rurales y reservas naturales. No mucha gente conoce este hecho. Aunque gran parte de la selva primaria fue talada por promotores inmobiliarios después de la Segunda Guerra Mundial, cuando un tsunami de manía constructora asoló la región, aún quedan selvas secundarias que hay que salvar y salvaguardar.

Uno de los paladines de este movimiento conservacionista es la Kadoori Farm and Botanic Garden (Granja y Jardín Botánico de Kadoorie), dirigida por mi amigo Andrew McAulay, que cuenta con un equipo de doscientos empleados que trabajan con diligencia y dedicación para defender los ideales de sencillez, sostenibilidad y espiritualidad. Juntos gestionan ciento cuarenta hectáreas de permacultura y silvicultura. Además, dirigen un programa educativo para las escuelas locales y reciben a visitantes de todo el mundo. La Granja Kadoorie fue fundada por el tío de Andrew en la década de los 1950 con la intención de ofrecer a los agricultores pobres la oportunidad de ayudarse a sí mismos.

Andrew es más que un conservacionista: es poeta y filósofo. Ha elegido una vida al servicio del planeta y su gente. A través de su trabajo de promoción, protección y biodiversidad, la concienciación medioambiental y la producción de alimentos, Andrew ha demostrado que incluso en un centro económico como Hong Kong, la gente puede dar buen ejemplo de cuidar la Naturaleza y proteger el futuro.

«La sostenibilidad no está completa sin la espiritualidad –afirma Andrew–. Somos conservacionistas no sólo por miedo, sino por amor; amamos la Naturaleza, amamos a los animales, las plantas, los pájaros y los insectos. De hecho, toda la vida. Queremos que la gente visite la Granja Kadoorie y vea lo que hacemos para experimentar la Naturaleza y conocer la belleza, la generosidad y la abundancia de la vida. Cuando ven, huelen, saborean y tocan las fascinantes y vibrantes cualidades de la vida natural, se encuentran con algo mágico, misterioso y vital».

La granja se ha convertido en un brillante ejemplo de agroecología, permacultura, agricultura natural y agricultura ecológica. El proceso de producción de alimentos se lleva a cabo como parte integrante de la conservación de la flora y la fauna. «Todos necesitamos alimentos. No podemos sobrevivir sin ellos, pero los productores de alimentos y los agricultores son menospreciados. Se les respeta poco. La labor de la Granja Kadoorie es, en parte, devolver la dignidad a los agricultores», afirma Andrew.

Y tiene razón. Los valores y prioridades del mundo moderno se han distorsionado tanto que no es de extrañar que la vida de nuestro planeta se encuentre en un estado tan calamitoso.

La Granja Kadoorie es un centro agrícola, pero también es un centro educativo, donde tuve el placer de impartir un curso titulado «Reconectando con nuestras raíces: espíritu, cultura y Naturaleza».

Los cursos se imparten en el Green Hub, una comisaría de policía restaurada construida en 1899 en la ciudad de Tai Po. La Granja Kadoorie, en colaboración con el gobierno de Hong Kong, ha llevado a cabo una renovación ecológica de este importante lugar histórico para mostrar una visión de la vida sostenible y, al mismo tiempo, respetar y proteger el medio ambiente.

Situado en una colina y rodeado de bosques centenarios, el Green Hub es un oasis de paz, tranquilidad y serenidad. Gente de todo Hong Kong viene a ver esta antigua comisaría restaurada con imaginación y gusto, y a disfrutar de comida sana, orgánica y deliciosa en el comedor Eat Well. Los principios rectores de este comedor son animar a la gente a aprender a cocinar alimentos sanos de temporada y de origen local, eliminar los residuos y alejarse del consumo de carne. Estos principios pueden parecer normales hoy en día, pero en el contexto de la cultura alimentaria de Hong Kong, representan un concepto revolucionario.

El comedor Eat Well no está solo en su misión. Situado en el corazón de la isla de Hong Kong, hay otro restaurante que defiende ideales similares. Se trata de un restaurante vegetariano llamado MANA!, fundado por Bobsy Gaia, que ha sido pionero en el mercado *fast-casual**  basado en verduras y hortalizas en Hong Kong desde 2012. A pesar de su constante compromiso y determinación, Bobsy admitió que dirigir un negocio ecológico en Hong Kong no es tarea fácil.

«La gente en Hong Kong está ocupada –dijo Bobsy–. Quiero ofrecerles comida rápida-lenta. Quiero demostrar que se puede preparar alimentos de alta calidad con ingredientes frescos y cero

---

\* *Fast-casual*. Un tipo de comida rápida que sirve platos más saludables y variados que la cocina rápida normal, servidos en entornos más agradables. *(N. del T.).*

residuos. Ahora hacemos compost con todos nuestros restos de comida. De hecho, dos toneladas de ellos al mes. Esos restos se envían a granjas ecológicas donde se convierten en alimento para el suelo. El desperdicio de comida es un crimen contra la Naturaleza. Nuestro lema es: "Come como si importara"».

Escuchando hablar a Bobsy durante una comida que compartimos en su maravilloso restaurante, reflexioné sobre la ironía de un mundo moderno en el que la gente hambrienta hace cola para comer mientras el 40% de la comida se tira en los hogares, restaurantes y supermercados de los llamados países desarrollados, que siguen siendo terriblemente ineficientes en materia alimentaria.

«Las palabras *Hong Kong* significan "puerto fragante" –me explicó Bobsy–. Antaño la gente solía exportar maderas como el sándalo, que desprendía un olor dulce desde el puerto de Hong Kong. De ahí el nombre de la isla. Aunque esa madera aromática ya no se exporta, el olor de nuestra comida junto con la flora de olor dulce siguen aquí, y hay que protegerlos».

Las actividades de Andrew y Bobsy son dos bellos ejemplos de un trabajo arraigado en el amor a la naturaleza, a las personas y a la Tierra. Para ellos, el amor es parte integrante de un proyecto planetario. Cada una a su manera, la Granja Kadoorie y MANA! nos recuerdan la armonía que no sólo es posible, sino esencial entre lo urbano y lo rural. Además proporcionan inspiración y ejemplo.

## 16

# *Bután*

*El propósito de nuestra vida es ser felices, y las fuentes de la felicidad son el contento, la compasión y el amor.*

Su Santidad El XIV DALÁI LAMA

Cuando al cuarto rey dragón de Bután, Jigme Singue Wangchuck, le preguntaron durante una visita a Nueva York en 1972 sobre el producto nacional bruto (PNB) de su país, le dijo al periodista que no lo sabía, que para él era más importante el índice de felicidad nacional bruta (FNB).

Su espontánea e inspirada respuesta cautivó la imaginación del mundo y saltó a los titulares. Desde entonces, activistas sociales, ecologistas y economistas de todo el mundo hablan de la FNB. Incluso varios gobiernos están empezando a medir la felicidad y el bienestar además del PNB y el producto interno bruto (PIB). En 2011, la Asamblea General de Naciones Unidas aprobó una resolución como parte integral de los ideales de desarrollo. La gente está despertando a una nueva visión, que desplaza la atención del crecimiento económico al crecimiento del bienestar y la felicidad.

En 2014, el Schumacher College y el Centro GNH de Bután lanzaron un programa conjunto de un año de duración sobre medios de vida adecuados, explorando los principios, la economía y las aplicaciones y prácticas de la FNB. El curso se impartió en parte en el Reino Unido y en parte en Bután. Me invitaron a participar en ese curso. Mi mujer, June, y yo viajamos a Bután en marzo de 2015, de Delhi a Paro pasando por Katmandú. Volar sobre las altas cumbres del Himalaya y contemplar pico tras pico de naturaleza salvaje cubierta de nieve fue impresionante.

Paro es el único aeropuerto internacional de Bután y, a diferencia de otros, tiene un diseño único con arquitectura tradicional butanesa. Nos recibió Gabby Franco, nuestra amiga y antigua alumna del Schumacher College, que había sido voluntaria en el centro GNH durante el último año y medio. Tras una hora de viaje, llegamos a la capital de Bután, Timbu, y nos instalamos en nuestro hotel, que también era un ejemplo de arquitectura tradicional butanesa.

Una y otra vez, nos impresionó ver cómo casas, hoteles, tiendas y edificios de oficinas estaban diseñados en este estilo característico, e incluso ornamentados con elementos locales. Fuéramos donde fuéramos, siempre teníamos la sensación de haber llegado al lugar.

En la mayoría de las ciudades modernas, no es así. En todos los rincones del planeta hay monótonos rascacielos o urbanizaciones. Ya sea en Nueva Delhi o en Nueva York, uno se encuentra en la misma jungla de edificios altos. Por eso, rodearse de la arquitectura sencilla, elegante y colorida de Bután fue un soplo de aire fresco.

El ex primer ministro butanés Jigme Thinley es un defensor de la FNB. Durante mi estancia, celebró un almuerzo en su casa para hablar del modelo de desarrollo de la FNB. Situada en una colina con vistas al valle de Timbu, la hermosa casa de Jigme Thinley era pequeña y sencilla. Era un anfitrión humilde y hospitalario. Además de mi mujer y yo, estábamos presentes el ahora ex ministro de Educación Thakur Powdyel y el miembro fundador del Centro para la Felicidad Nacional Bruta Saamdu Chetri. Sentados juntos, disfrutando de una deliciosa comida vegetariana, me acordé del poder de este tipo de reuniones, el simple hecho de estar en compañía de los demás, para hacer el bien en el mundo.

Según Jigme Thinley, los cuatro principios básicos de la felicidad nacional bruta en Bután son:
1. Todo desarrollo debe sustentarse en los ideales de sostenibilidad medioambiental e igualdad económica.
2. La conservación de la biodiversidad y el hábitat natural debe estar en el centro de todas las actividades humanas.
3. En nombre del progreso y la modernidad, el país no debe destruir su cultura tradicional butanesa y sus valores budistas.
4. La buena y limpia gobernanza debe estar en el centro de la política.

Son aspiraciones maravillosas, por supuesto, pero Jigme Thinley hablaba de ser un país pequeño intercalado entre dos colosos obsesionados con el crecimiento económico: China al norte y la India al sur. «Para ser felices, debemos ser amigos de ambos», dijo, reconociendo la enorme presión que sufre Bután para abrazar la modernidad y el materialismo. Además, con la difusión de internet y la publicidad, los jóvenes butaneses quieren modernizarse. No quieren verse privados del acceso a la televisión y la cultura digital. Este pequeño país se enfrenta a un gran dilema: ¿cómo puede conservar su cultura antigua y existir en el siglo XXI al mismo tiempo? Esta fue una cuestión central que también se exploró y abordó a lo largo del curso sobre medios de vida adecuados. «Tenemos que recordar y prestar atención a las enseñanzas del Buda y el Dalái Lama –dijo Thinley–. Estas enseñanzas siempre nos recuerdan que es más importante tener alegría que éxito».

Durante el almuerzo y a lo largo del curso, la conversación giró a menudo en torno al dinero y la diferencia entre empleo y medios de vida. Hacemos un trabajo porque nos pagan por hacerlo. Estamos a las órdenes de un empleador. Si debemos acatar las normas de una corporación o empresa, hay pocas posibilidades de utilizar nuestra propia iniciativa, imaginación o creatividad. En este sentido, un empleado es sobre todo un engranaje de la burocracia.

Los medios de vida, sin embargo, son una confluencia de profesión y vocación. Con un medio de vida adecuado amamos lo que hacemos y hacemos lo que amamos. Nuestro medio de vida adecuado surge de una vocación interior. El intercambio de dinero no es más que un medio para alcanzar un fin. En los medios de vida, el trabajo en sí mismo tiene un valor intrínseco. Hay un sentido de goce, plenitud y satisfacción en el trabajo. Los medios de vida se basan en la imaginación, la creatividad, la improvisación y el sentido. Cualquiera que sea la ocupación que uno elija, ya sea cocinero o jardinero, alfarero o pintor, diseñador o bailarín, uno es ante todo un fabricante, un creador, un poeta. La palabra *poesía* viene de *poesis*, término griego que significa «hacer». Como en *autopoesis*, o autofabricación. Todo lo que producimos, componemos o creamos con nuestra propia imaginación e iniciativa es poesía. Todo trabajo debería ser poesía.

Después de comer, Jigme Thinley nos llevó a ver su gran y resplandeciente jardín, lleno de flores, árboles frutales, hierbas y verduras. Me encantó ver a un político tan orgulloso de su jardín, y se lo dije. «En política uso la cabeza –me respondió–, ¡pero aquí, en el jardín, puedo alimentar mi corazón, usar mis manos y mantenerme en forma!».

En 1973, E.F. Schumacher escribió un ensayo titulado *Economics in a Buddhist Country*. Era la primera vez que un economista occidental unía esas dos palabras: budismo y economía. A la pregunta de qué tenía que ver el budismo con la economía, Schumacher respondió: «La economía sin valores budistas o éticos es como flores sin fragancia o palabras sin significado. Los medios de vida correctos reúnen la ética y el trabajo juntos». En otras palabras, la FNB promueve los medios de vida en lugar del empleo.

Sólo a través de los medios de vida adecuados se puede encontrar la satisfacción, la compasión y el amor como verdaderas fuentes de felicidad. Mediante una combinación de liderazgo ilustrado, valores budistas y los objetivos de la FNB, Bután intenta elegir un modo de vida en lugar de una economía de empleo.

El Dalái Lama dice que no hace falta ser budista para practicar la compasión y el amor, basta con ser compasivo y amoroso. En cualquier caso, el budismo no es una religión; es una forma de vida, de practicar la compasión y el amor para encontrar la felicidad. La verdadera felicidad no llega a través del poder político y la posición, ni a través del dinero y las posesiones materiales. La verdadera felicidad viene del amor.

Bután es uno de los países más pequeños del mundo, escondido en lo alto del Himalaya, donde podría parecer fácil escapar de muchos de los traumas de nuestro tiempo. La verdad es, sin embargo, que ser una nación ecológica y espiritual en el mundo moderno nunca ha sido tan difícil. Sin embargo, debemos recordar que el mundo industrial moderno fue construido por humanos, por lo que puede ser gestionado y transformado por humanos.

# 17

# *Civilización ecológica*

*Ser amado profundamente por alguien te da fortaleza,
mientras que amar profundamente a alguien te da coraje.*

LAO TZU

La historia de China en los últimos años es una historia de grandes cambios. La Revolución Comunista, la Revolución Cultural, la Revolución Industrial y la Revolución del Consumo irrumpieron en China a una velocidad vertiginosa. En los últimos años, China ha experimentado un crecimiento y desarrollo sin precedentes, lo que ha provocado graves problemas de contaminación del aire, el agua y el suelo. Esta rápida industrialización también ha causado migraciones masivas del campo a los nuevos centros urbanos.

En respuesta a la devastación y degradación del valioso entorno natural de China, muchos ciudadanos empezaron a buscar una solución a largo plazo. La religión, la cultura, el arte, la poesía y el estilo de vida chinos llevan mucho tiempo arraigados en la idea de vivir en armonía con la naturaleza. Sin embargo, ni siquiera una historia tan larga y profundamente disfrutada fue rival para la crisis psicológica y medioambiental del rápido desarrollo. Pero de esta crisis surgió una oportunidad para que los chinos reexaminaran su *modus operandi*. En 2007, surgió en el horizonte un nuevo sueño y la promesa de una civilización ecológica. La idea se consagró en la Constitución del Partido Comunista y, como primer paso, se creó en Pekín la Asociación de Civilización Ecológica, con varias sucursales en regiones y provincias de toda China. No pasó mucho tiempo antes de que en cada departamento del gobierno se creara una unidad especial para promover la visión y la práctica de una civilización ecológica.

El sentimiento predominante era que la generación que estaba al timón en China estaba atada interminablemente a la búsqueda del crecimiento económico. Sus mentes y comportamientos estaban tan condicionados –y comprometidos– con el paradigma de la civilización industrial que la única esperanza para una civilización ecológica era preparar a la siguiente generación antes de su inducción al mismo paradigma.

La generación más joven necesitaba ser informada y educada en un nuevo paradigma de conservación, sostenibilidad y ecología. Por ello, el Ministerio de Educación de China instituyó muchos programas y cursos para introducir los ideales y métodos de una civilización ecológica en varias universidades.

Me interesaba saber si este impulso de una civilización ecológica era un auténtico compromiso con los valores ecológicos en la vida cotidiana o una mera colección de eslóganes y tópicos. No me cabía duda de que existía un interés por la conservación a nivel intelectual y académico, pero tenía curiosidad por ver pruebas de sus aplicaciones prácticas diez años después de la creación de la Asociación de Civilización Ecológica.

En 2018 tuve mi oportunidad cuando me invitaron a la Universidad de Agricultura y Silvicultura de la ciudad de Fuzhou. La pregunta en el centro de nuestras deliberaciones era clara: ¿Cómo podemos conciliar una civilización ecológica con la prosperidad económica? Mientras contemplaba los retos inherentes a este problema universal, empecé a considerar la trinidad de Tierra, Alma y Sociedad en el contexto de la cultura china.

Las tres figuras culturalmente más influyentes de la historia china son Lao Tzu, el Buda y Confucio. Juntos, sientan las bases de una civilización ecológica. Podemos formular sus enseñanzas en la trinidad de Tierra, Alma y Sociedad, respectivamente. Lao Tzu fue un filósofo de la naturaleza, que nos dijo: «El pueblo es gobernado por la Tierra, y la Tierra es un recipiente sagrado». También dijo: «La Naturaleza nunca comete un error estético, y es esta perfección la que nos permite descansar en el asombro». Su sabiduría estaba enraizada en la Naturaleza, y yo le veo como representante de la voz de la tierra.

El Buda representa nuestra unidad absoluta e inexpugnable con el espíritu, lo que yo llamo Alma. Desde una perspectiva budista, la ecología no es simplemente una cuestión externa de organización, sino que debe construirse sobre los cimientos del amor y la compasión. El Buda dijo: «Irradiad amor sin límites hacia el mundo entero; por encima, por debajo y a través, sin obstáculos, sin mala voluntad y sin enemistad. Ama sin medida; ama incondicional y absolutamente».

Confucio nos pide que asumamos la responsabilidad total de nosotros mismos, y que vivamos en perfecta armonía con todos los seres humanos. Él representa la Sociedad. El bienestar humano a gran escala –Sociedad–, junto con el bienestar del planeta –Tierra– y del espíritu individual –Alma–, constituyen el núcleo de una civilización ecológica.

El ideal de una civilización ecológica está muy en consonancia con el Nuevo Movimiento de Reconstrucción Rural iniciado por el profesor Wen Tiejun. Este movimiento trabaja para reconectar la economía china con la ecología a través de la tierra, la agroecología, la artesanía rural y los alimentos artesanales. En nuestras deliberaciones, el profesor Wen nos recordó la frase del presidente Xi Jinping: «China debe mantener una relación adecuada entre las personas y la Naturaleza. Esta verdad tan evidente suele pasarse por alto a menudo porque en las últimas décadas nuestro país ha estado sometido a la presión del crecimiento económico a toda costa».

Le pregunté al profesor Wen si no había una contradicción entre los anuncios del presidente Xi Jinping y la búsqueda china de un crecimiento económico continuo.

«Sí, hay una aparente contradicción –respondió el profesor Wen–, pero las cosas no se pueden cambiar de la noche a la mañana. Además, no todo el mundo en el gobierno chino está totalmente de acuerdo con los ideales de una civilización ecológica. China se enfrentaba a una grave pobreza, así que la primera tarea del gobierno fue sacar a cientos de millones de personas de la pobreza. Eso ya se ha conseguido. Ahora podemos empezar a cambiar de rumbo. El presidente Xi es filósofo además de político. Ha dicho: «Sólo hay una Tierra en el universo y la humanidad sólo tiene una patria. Nuestras montañas verdes y nuestros ríos limpios son tan buenos, si no mejores, que las montañas de oro y los arroyos de plata. En China queremos una relación simbiótica entre ecología y economía. El objetivo de una civilización ecológica es mejor que el objetivo del desarrollo sostenible. La civilización china es una civilización antigua. Existe desde hace cinco mil años. Debemos asegurarnos de que dure al menos otros cinco mil años y más».

También tuve el placer de conocer al señor Wang, un portavoz de la Asociación China de Investigación y Promoción de la Civilización Ecológica: «En última instancia, nuestro objetivo es mantener la belleza de China –dijo Wang–. El presidente Xi también ha realizado esta afirmación pública. Dijo: "Cualquier daño que infligimos a la Naturaleza acabará volviendo a perseguirnos. Por lo tanto, China debe ser la abanderada del esfuerzo mundial para abordar el reto del calentamiento global y poner la ecología en el asiento del conductor en el tren de la economía". Será una completa insensatez dar por sentados el aire puro, el agua limpia, el suelo prístino y el cielo azul. Si contaminamos el aire, infectamos el agua, envenenamos el suelo y el cielo con gases de efecto invernadero, nos estaremos comportando como un tonto que corta la rama en la que está sentado. Nuestro ideal es que todas las naciones se unan y abracen el concepto de una civilización ecológica».

Me conmovieron sus palabras, pero me sentí obligado a señalar que mantener limpios el aire, el agua y el suelo requiere algo más que una decisión política. «Tenemos que amar el aire, el agua y el suelo –apunté–. ¡Protegemos las cosas que amamos! Estos recursos son más que utilidades; son la vida misma. El amor a la vida es la forma más elevada de amor, y sólo una civilización construida sobre el amor perdurará».

Se pueden encontrar defectos y carencias en cualquier país, pero también debemos buscar signos de brotes verdes. La idea de una civilización ecológica es un admirable brote verde en China que puede servir de fuente de inspiración mundial.

# 18

# *Paz*

*Hasta que nos enamoramos estamos dormidos.*

LEÓN TOLSTOI

*Guerra y paz* de León Tolstoi es una historia de amor y traición, alegrías y penas, extravagancias y privaciones. Pero sobre todo de la futilidad de la guerra y la importancia primordial del amor como requisito previo para la paz.

Tras experimentar la desesperante carnicería de la batalla, el príncipe Andréi le dice a Pierre Bezukhov: «La guerra es la cosa más vil del mundo. Los hombres se unen para matarse unos a otros, masacran y mutilan a decenas de miles y luego rezan sus oraciones de agradecimiento por haber masacrado a tanta gente. ¿Cómo puede Dios mirar hacia abajo y escucharlos?».

Es cierto, ¿cómo es posible? Ojalá los presidentes y primeros ministros del mundo tuvieran que meditar sobre esta cuestión antes de ocupar un cargo público. Para aceptar la verdad de las verdades: que la guerra es el infierno y que todas las guerras acaban en un desastre sin paliativos, que necesitamos renunciar valientemente a la guerra como medio para resolver los problemas políticos del mundo. Esta es la sabiduría impartida por Tolstoi y este es el regalo que nos hace en *Guerra y paz*.

Por supuesto, todas las partes beligerantes afirman tener ideales más elevados de su parte. Afirman estar luchando por su religión, por la democracia, por la seguridad nacional o para erradicar la amenaza del terrorismo. Pero la religión, la democracia y la seguridad son las principales víctimas de la guerra. Y los civiles inocentes de a pie –hombres, mujeres y niños– son aterrorizados, mientras que sus hogares, escuelas, tiendas, hospitales, mezquitas e iglesias son destruidos. A causa de las guerras, muchos países sufren una avalancha de refugiados. Millones de personas caen en la indigencia, se ven obligadas a huir de sus países de origen y buscar refugio en otras tierras, todo por el ego y el orgullo de quienes promueven guerras que se reducen a intereses egoístas, ambición geopolítica y obsesión por el poder. Sin embargo, parece que pocos gobiernos quieren que los refugiados lleguen a su país. Proporcionar alimentos, trabajo, alojamiento, educación y medicinas –por no hablar de un sentimiento de comunidad– a millones de personas en poco tiempo no es una tarea fácil ni envidiable.

Las guerras crean refugiados. Si los gobiernos no quieren tener refugiados, entonces no deberían ir a la guerra. Quien vaya a la guerra debe estar preparado para recibir a tantos refugiados como vaya a haber. Hacer la guerra y luego prohibir la entrada a los refugiados es una dejación de funciones. Lo mismo ocurre cuando se trata de una guerra civil. Los países que no participan en el conflicto siguen teniendo la responsabilidad humanitaria internacional de apoyar, sostener y aceptar a las personas que huyen de su país a causa de la guerra. Y si la acción militar de una nación provoca la huida de civiles, entonces tiene una obligación aún mayor de aceptar a los refugiados y apoyarlos hasta que el conflicto termine y los refugiados puedan regresar a sus hogares en condiciones de seguridad. Las naciones implicadas en estas guerras tienen la obligación de reconstruir los hogares, hospitales, escuelas tiendas y ciudades que han sido destruidas para que los refugiados tengan un hogar al que regresar.

Los políticos deben preguntarse por qué optan por la guerra cuando no hay problemas o disputas que no puedan resolverse en última instancia mediante la diplomacia, la negociación, el compromiso, la generosidad y el entendimiento mutuo. Toda la humanidad tiene un interés común en vivir en paz y armonía a pesar de las diferencias y diversidades. Por lo tanto, las heridas de todas las disputas, desacuerdos y divisiones pueden y deben curarse superando los estrechos intereses personales y abrazando el interés de la humanidad común. Como dijo Mahatma Gandhi: «No hay camino hacia la paz. La paz es el camino».

El camino de la paz está pavimentado con los principios del amor y la no violencia. Pero los gobiernos deben reconocer la falsedad de afirmar que «nuestra violencia es buena y justa», pero «su violencia es mala e injustificada». La no violencia y el amor son principios universales. Tenemos que estar preparados para minimizar toda forma de violencia, y descartar la violencia organizada y a gran escala. Los políticos, como los médicos, deben prestar el juramento hipocrático de «no hacer daño» y seguir esa regla de oro: debemos tratar a los demás como nos gustaría que nos tratasen a nosotros mismos.

La violencia engendra violencia. Y el amor engendra amor. Si quieres establecer la paz, la democracia y la libertad, entonces eso debe lograrse sólo a través de medios no violentos. Los fines nobles deben perseguirse con medios nobles. No importa el tiempo que nos lleve, debemos tener la paciencia suficiente para refrenarnos de las respuestas violentas, ya sea ante la violencia doméstica, las guerras de clases, las guerras civiles o las guerras internacionales. Todas las guerras son un fracaso del ingenio humano, la capacidad de negociación, la diplomacia y la imaginación.

En la guerra moderna, es imposible evitar las bajas civiles y los daños colaterales en escuelas, comercios, hospitales y hogares. Como las guerras convierten a ciudadanos inocentes en refugiados, obligándoles a huir de sus hogares y de su país, todas ellas son ostensiblemente ilegales. Como establece la Convención de Ginebra, jurídicamente vinculante, «no se debe infligir muerte y destrucción a civiles no combatientes».

Martin Luther King Jr. dijo: «El ojo por ojo deja ciego al mundo entero». No podemos apagar un fuego añadiéndole más combustible. Lo dijo Jesús, lo dijo Buda, lo dijo Mahoma. Lo dice el papa Francisco. Lo dice el Dalái Lama. ¿Por qué los líderes políticos y militares siguen ignorando esta sabiduría práctica de una larga serie de seres humanos iluminados? Hemos visto el enorme sufrimiento de civiles y militares durante guerras grandes y pequeñas. Tenemos pruebas de que las guerras no funcionan. Matas a un dictador y aparece otro que ocupa su lugar con mayor vehemencia. Matas a un terrorista, pero se radicalizan diez más. La historia de la humanidad está plagada de guerras fallidas y conflictos inútiles. Ha llegado el momento de darse cuenta de que las guerras son bárbaras e incivilizadas. Son contraproducentes. Que el Consejo de Seguridad y la Asamblea General de la ONU aprueben la resolución para abolir la guerra y establezcan un sólido consejo mundial de negociadores para resolver los conflictos donde y cuando surjan.

Enseñemos a todos los niños, en todos los hogares y en todas las escuelas, a cultivar en sus corazones el amor y la paz para todos. Si no alimentamos las semillas de la violencia en los corazones de los seres humanos, se secarán y morirán. Cultivemos, en cambio, las semillas del amor, la paz y la no violencia en cada joven corazón humano.

Mi propia experiencia es que la gente corriente de todo el mundo es amable, cariñosa, pacífica y generosa. Durante más de dos años, en plena Guerra Fría, recorrí el mundo por la paz, sin dinero y desarmado. En mi viaje de trece mil kilómetros, no hallé ninguna evidencia de odio innato en el corazón de los seres humanos. De hecho, sentí el inmenso amor y la generosidad de los desconocidos que encontré.

## 19

# *Protestar, proteger y construir*

*No sabemos lo suficiente para ser pesimistas.*

HAZEL HENDERSON

Millones de personas de todo el mundo participan en acciones por el cambio. A falta de un nombre mejor, me refiero a este conjunto de acciones del movimiento medioambiental holístico. «Holístico» para indicar que se trata de un movimiento global, comprometido a mejorar y salvaguardar la integridad del medio ambiente natural, social y espiritual.

Si el ecosistema no goza de buena salud, no puede haber bienestar social, ya que no es posible tener personas sanas en un planeta enfermo. Del mismo modo, sin justicia social no puede haber justicia ecológica, porque si un gran número de personas están oprimidas y luchan por sobrevivir, no tendrán la capacidad, la energía o la oportunidad de preocuparse por el bienestar planetario. Y sin valores espirituales, como el amor a las personas y a nuestro planeta, que apuntalen e informen nuestra visión del mundo, la sostenibilidad ecológica y la solidaridad social seguirán siendo superficiales, sólo superficiales.

Los comprometidos con un movimiento medioambiental holístico deben actuar a tres niveles simultáneamente: protestar, proteger y construir.

## Protestar

En primer lugar, protestamos. Nos levantamos contra el orden injusto y contra las fuerzas que destruyen la frágil red ecológica y los sistemas sociales.

Todos los grandes movimientos del pasado y del presente han utilizado la vía de la protesta para poner de manifiesto la explotación insostenible del mundo natural y el sometimiento injusto de las personas vulnerables. Esa subyugación se practica hasta el día de hoy, bajo el disfraz de la clase, la casta, la raza, la religión, la movilidad económica, etc. Las acciones de Extinction Rebellion y las huelgas escolares de Greta Thunberg y otros miles de jóvenes de todo el mundo son dos ejemplos recientes del ecoactivismo que utiliza la vía de la protesta. Del mismo modo, las manifestaciones mundiales organizadas por el movimiento Black Lives Matter son otros ejemplos de protesta como activismo social.

Los movimientos de protesta, para que incluyan a todos los ciudadanos de a pie, deben llevarse a cabo de forma no violenta y pacífica. La historia demuestra que a través del activismo no violento y la resistencia pasiva se han logrado y se pueden lograr grandes cambios. Los movimientos liderados por Mahatma Gandhi, por la independencia de la India, y por Martin Luther King Jr., en Estados Unidos, son dos brillantes ejemplos de resistencia no violenta que aplican el método de protesta contra órdenes sociales injustos.

## Proteger

Protestar por sí solo no basta. También tenemos que proteger las culturas y sistemas existentes que son buenos, descentralizados, regenerativos y sostenibles, como las culturas indígenas, las economías locales y las granjas orgánicas a escala humana. Debemos proteger la biodiversidad y la diversidad cultural. Necesitamos proteger la belleza y la integridad de la Naturaleza.

En nombre del progreso y el desarrollo, se destruyen constantemente tradiciones y prácticas sociales de probada eficacia. Las comunidades indígenas son tratadas como atrasadas, incluso salvajes, y obligadas a adoptar las formas de la llamada civilización. Esta rápida urbanización está devastando un gran número de prósperos pueblos y comunidades rurales. En el proceso de rápida industrialización y mecanización, las artes, artesanías e industrias artesanales están siendo eliminadas. Los pequeños agricultores autosuficientes, que siguen produciendo el 60-70% de los alimentos del mundo, están cada vez más marginados y sus medios de vida se ven amenazados. En pos de la rápida globalización, las economías locales se ven despojadas de poder y organismos de gestión. Por supuesto, debemos protestar contra estas tendencias y contra la producción a base de unos recursos energéticos exagerados, el consumo derrochador y las emisiones ilimitadas de dióxido de carbono que provocan el calentamiento global. Pero hacemos algo más que protestar: trabajamos para que estas comunidades y culturas ancestrales sean respetadas, apreciadas y protegidas.

## Construir

Este paso hacia la protección de las culturas existentes y duraderas tampoco es suficiente. También debemos construir economías locales descentralizadas, pequeñas empresas sostenibles y proyectos de agricultura regenerativa, como la agroecología y la permacultura. Igualmente necesitamos construir nuevas instituciones educativas y programas de aprendizaje para enseñar a jóvenes y mayores a vivir bien sin dañar la integridad de nuestra preciosa Tierra y sin socavar el bienestar de toda forma de vida, tanto humana como no humana. Necesitamos construir sistemas energéticos de propiedad comunitaria derivados del viento, el agua y el sol. Al hacerlo, estaremos construyendo comunidades de personas comprometidas con un modo de vida basado en la solidaridad, la cooperación y la ayuda mutua. Los ejemplos exitosos servirán para inspirar y persuadir a los no convencidos a participar en actividades constructivas, haciendo crecer el movimiento y conduciendo a una cultura aún más resistente y regenerativa.

Protestamos, protegemos y construimos, ¡todo con amor!

Esta trinidad de protestar, proteger y construir no se limita únicamente a la transformación externa. Para complementar la transformación externa, necesitamos una transformación interna que alimente el entorno espiritual. Para protestar con éxito contra el materialismo, el consumismo, la codicia y el ansia de poder y dinero, necesitamos abrazar valores no materialistas. Y para proteger la cohesión de la comunidad y la armonía social, debemos cultivar el altruismo e ir más allá de la búsqueda egoísta del nombre, la fama, el reconocimiento, el estatus y la posición.

Al comprometernos con un movimiento medioambiental holístico en el que protestamos, protegemos y construimos, no podemos evitar experimentar una evolución simultánea e igualmente esencial del espíritu. Esta transformación interior implica un cambio de corazón, un cambio de actitud, un cambio de valores y de filosofía, un cambio de visión del mundo y, en última instancia, un cambio de consciencia. La transformación externa va de la mano de la transformación interna. Son las dos caras de una misma moneda.

Nuestras acciones deben estar arraigadas en un profundo reconocimiento de la unidad y la dignidad de la vida, y en una profunda convicción de que toda vida es sagrada. Al abrazar el sentido de lo sagrado, cultivamos la compasión y el amor por toda la vida. Cultivamos la frugalidad, la sencillez, la moderación y la contención. Nos convertimos en la encarnación del cambio al tiempo que exigimos que los sistemas externos cambien. La transformación personal y la transformación política se convierten en un proceso de apoyo mutuo, como caminar sobre dos piernas.

El movimiento medioambiental holístico (HEM por sus siglas en inglés) va más allá de la trampa dualista del capitalismo y el socialismo, ambos antropocéntricos, mientras que el HEM es biocéntrico. El capitalismo sitúa el capital financiero y el afán de lucro en el centro de toda actividad humana. En el capitalismo, las personas se convierten en instrumentos de beneficio, y la Naturaleza, en un recurso para la economía. El socialismo, como implica la palabra, pone el interés social por encima del interés del entorno natural. Históricamente, el socialismo ha resultado en un capitalismo de Estado centralizado e industrializado a gran escala. El socialismo democrático es, por supuesto, mejor que el capitalismo, pero la palabra socialismo sigue siendo antropocéntrica. Los ecologistas abogan por la solidaridad social y la justicia social, pero no se adhieren, por definición, a una filosofía política concreta. Además, la justicia social y la jurisprudencia de la Tierra son partes integrantes la una de la otra.

La HEM promueve una economía y una política locales, descentralizadas, a escala humana, pluralistas y ascendentes a través de la democracia participativa. Los ecologistas anteponen la calidad de vida a la cantidad de producción y consumo. Se centran en el crecimiento del bienestar de las personas y del planeta más que en el crecimiento económico. Desde el punto de vista de la ecología profunda, la economía y la política deben servir a los intereses de la Madre Tierra tanto como a los de los seres humanos. Los derechos de la Madre Tierra son tan fundamentales como los derechos humanos. No hay contradicción entre ambos.

Puede que nunca alcancemos un estado perfecto de armonía natural, la solidaridad social o la iluminación personal, pero seguimos esforzándonos por alcanzar esa forma equilibrada de ser. Transformación es un viaje que dura toda la vida, no un destino. Transformación es un proceso y no un producto. La transformación es evolución continua y activa, no un estado estático.

# 20

# *Acción*

*El amor es el medio a través del que los mensajeros del misterio
nos dicen cosas. Amor es la madre. Nosotros somos sus hijos.
Centellea en nuestro interior, visible-invisible,
dependiendo de si confiamos o perdemos la confianza,
o sentimos que vuelve a crecer de nuevo.*

RUMI

En todo el mundo, los activistas sociales y medioambientales se dedican a causas esenciales, luchando por la justicia y por nuestro planeta. Sin embargo, a pesar de años de campaña, a menudo se tiene la sensación de que el gobierno y la industria no escuchan, de que no se hace nada. Naturalmente, esto provoca ansiedad, decepción e incluso desánimo. Una vez recibí una carta de un querido amigo, artista y activista ecológico dedicado a la lucha contra el uso de plásticos. Como muchos de sus compañeros activistas, había llegado a un grado aparentemente desesperado de frustración, hastío y agotamiento. Lo que sigue es la carta que me envió, así como mi respuesta a él y a cualquiera que se encuentre en un estado similar de desilusión.

> Querido Satish:
> Últimamente estoy muy abatido por la impotencia del mundo para resolver cualquiera de los problemas medioambientales cruciales a los que nos enfrentamos. La gente clama por un cambio, pero a los dirigentes políticos sólo les interesa

conservar el poder para sí mismos. Como dijo Jimi Hendrix tan sabiamente: «Cuando el poder del amor venza al amor del poder, el mundo conocerá la paz». Que nuestro mundo pueda correr un peligro tan grande durante mi vida me parece un enorme fracaso, y me hace sentir culpable e impotente.

Todo el trabajo que hemos realizado para concienciar sobre el plástico de un solo uso sólo ha servido para que el gobierno británico establezca un pequeño impuesto sobre el plástico virgen..., ¡pero no lo aplicará hasta 2025! Estamos viviendo un enorme resurgimiento populista-nacionalista cuando los países deberían estar unidos, no enfrentados. Si no, ¿cómo se pueden promulgar y cumplir leyes para proteger el medio ambiente si un país tiene ventaja sobre otro? Hay que sustituir la competencia por la cooperación.

Incluso los chinos, que afirman estar comprometidos a convertirse en la primera civilización ecológica del mundo, no pueden resistirse a responder a su menor crecimiento económico animando a sus fábricas más contaminantes a aumentar la producción. Al parecer, la calidad del aire en Pekín es la peor de su historia. Nuestra codicia será nuestra perdición... ¡Quizá no sea malo que la especie humana quede gravemente incapacitada por el cambio climático! Pero para aquellos de nosotros que tenemos hijos y nietos es una píldora difícil de tragar. Incluso he oído a gente que no tiene hijos decir que se alegra de no haber procreado a causa del tipo de mundo que estamos legando. Mis propios hijos son la primera generación que teme por el futuro. ¿Quién puede culparlos?

Sé que usted tiene una visión mucho más optimista que esta y le admiro por ello, así como por su fe en que la humanidad puede transformarse. Por el momento no veo de dónde puede surgir esa transformación. El único grupo pragmático que está realmente comprometido a detener al gobierno británico... y a las empresas en su camino brutal es Extinction Rebellion. Es un noble compromiso de sacrificar la libertad por el medio ambiente. Si yo estuviera en el Reino Unido, ¡también estaría bloqueando carreteras! Los llaman las nuevas sufragistas, y puede que lo consigan. Desgraciadamente, creo que la única manera en que puede haber una reacción radical será cuando ocurra el primer desastre medioambiental grave. La gente empieza a temer ir a vivir junto al mar, ya que se habla del peligro futuro de la subida del nivel del mar y las tormentas.

Por favor, deme un poco de su optimismo, ¡lo necesito!

Con todo mi cariño,

JAMES

Querido James:

Comprendo perfectamente tus dudas, abatimiento y frustración ante el estado del mundo, y la impotencia ante la incapacidad y falta de voluntad de los gobiernos para resolver los problemas ecológicos de nuestro tiempo. El problema del plástico, que tanto te preocupa, se ha ido acumulando durante mucho tiempo. Darle la vuelta llevará igualmente tiempo, aunque espero que mucho menos del que lleva envenenando nuestro planeta. Tienes razón en preocuparte. El problema de la contaminación por plásticos, las emisiones excesivas de dióxido de carbono a la atmósfera y la disminución de la biodiversidad son cuestiones urgentes que han creado una situación de emergencia planetaria.

Dicho esto, cuando nos enfrentamos a una emergencia, creo que debemos actuar con mucha paciencia. Por ejemplo, si hay un incendio en un teatro, debemos desalojarlo de forma ordenada, pues precipitarnos todos a la vez hacia la salida podría causar más víctimas.

Sin embargo, debemos actuar y hacerlo con amor, dedicación, compromiso y pasión. Una acción tan noble tiene su propio valor intrínseco, independientemente del resultado. La acción es lo único sobre lo que tenemos control. No tenemos control sobre el resultado. El nivel más elevado de acción es el que está libre de apego a los resultados. Hacemos algo porque merece la pena. Actuamos sin deseo de obtener el fruto de nuestra acción.

De hecho, la acción y el fruto de nuestra acción no son dos cosas separadas: forman parte de un único proceso. Comer y vencer el hambre son un continuo; beber agua y calmar la sed son dos aspectos de una única realidad. Del mismo modo, actuar para restablecer el equilibrio ecológico y encontrar la armonía entre la Naturaleza y el ser humano son una misma cosa. No hay utopía en la que podamos alcanzar por fin la paz perfecta, la tranquilidad total, el amor eterno o cualquiera que sea el ideal. Así pues, el cambio que deseamos y nuestra acción para hacer ese cambio son parte integrante el uno del otro. Nuestra acción es una expresión de nuestro amor por la Naturaleza y por los demás. Como nuestro amor es incondicional e ilimitado, nuestras acciones también son incondicionales y no tienen fin. ¿Cuál es el fruto de nuestro amor? Sólo amor. ¿Cuál es el fruto de nuestra acción? Más acción. Acción al principio, acción en el medio y acción al final. Vivir es actuar.

Necesitamos disfrutar de nuestra acción y encontrar plenitud en ella. Sin decepciones ni agotamiento. El activismo no es cambiar el mundo, pero el activismo cambia el mundo.

Mahatma Gandhi dijo: «Sé el cambio que deseas ver en el mundo». Nuestras acciones surgen de nuestro ser. Actuar por la paz, por la sostenibilidad y por la espiritualidad es una forma de ser.

Lo mismo ocurre con la práctica de las artes. Un artista no puede controlar, ni desea controlar, los resultados. El éxito o el fracaso no están en manos del artista. La práctica del arte es como la oración o la meditación. La verdadera oración no pide nada. Es simplemente un ofrecimiento. En este sentido, el arte y el activismo son lo mismo. Estamos al servicio de la Tierra y de la humanidad. Servimos hasta nuestro último aliento. Nuestro activismo o arte se inspira en un profundo amor por la humanidad y por la Tierra. Desde este punto de vista, y desde esta perspectiva, el arte, el activismo y el amor se convierten en una forma de vida permanente. Actuamos por amor, no por el deseo de tener éxito. El éxito es un regalo del universo. Si llega, nos alegramos, pero si no llega, no lo anhelamos, no lo buscamos. Estamos agradecidos al universo por habernos elegido para ser los canales del servicio y el activismo. Actuamos con esa humildad y total libertad interior. Si somos esclavos de nuestro deseo de éxito, entonces no somos libres. Debemos centrarnos por completo en nuestra acción. Sólo entonces podremos no distraernos con nuestro deseo de resultados.

El activismo es un viaje y no un destino. A través de nuestras nobles acciones, nosotros, los activistas, nos transformamos. Independientemente de que los demás cambien o no, nosotros cambiamos. Eso en sí mismo tiene un gran valor. ¡Así que pasemos del desaliento a la alegría!

Ni siquiera Jesucristo y el Buda pudieron establecer un reino de amor y compasión en la Tierra. ¿Lo considerarías un fracaso? No. Sus vidas y sus enseñanzas tienen un valor perdurable. Sus acciones son faros de esperanza e inspiración para millones de personas en todo el mundo. Seamos como pequeños budas y actuemos desinteresadamente, con amor y compasión.

Con todo mi amor,

Satish

PARTE III

# Amor radical por uno mismo y por los demás

*Una sola palabra nos libra de todo el peso
y el dolor de la vida. Y esa palabra es amor.*

SÓFOCLES

## 21

# *Un manifiesto de amor*

*Mi generosidad es tan ilimitada como el mar,
mi amor es igual de profundo.
Cuanto más doy, más tengo,
porque ambos son infinitos.*

WILLIAM SHAKESPEARE

La nuestra es una revolución del amor. El amor es lógico y mágico a la vez. La Tierra es una encarnación del amor. La Tierra es nuestra maestra y de ella aprendemos el arte de amar. La Tierra nos ama perfectamente y, a cambio, debemos aprender a amarla mejor.

Decimos no a las políticas y prácticas que perjudican a la Tierra y provocan el calentamiento global, el deshielo del Ártico y la subida del nivel del mar. Boicoteamos las empresas y los productos que dañan el planeta. Iremos a la cárcel por el bien de la Tierra y lo haremos pacífica y felizmente. No tenemos miedo en absoluto.

Decimos sí a vivir de forma sencilla y sostenible. Decimos sí a plantar billones de árboles y sí a la agricultura regenerativa. Comemos alimentos sanos, locales, ecológicos y nutritivos. Apoyamos a los pequeños agricultores y productores de todo el mundo. Vivimos como artesanos y artistas. Apoyamos a los artesanos del mundo. Nos resistimos al mal para ayudar a disolverlo, y ayudamos al bien para que florezca.

Nunca permitimos que la desesperación merme nuestro optimismo. Los activistas deben ser optimistas. El pesimismo puede llevar al periodismo, pero nunca al activismo. Con una esperanza duradera y un compromiso de por vida, emprendemos el viaje de la transformación. Sí, el activismo es un viaje y no un destino; es un proceso a largo plazo y no un producto a corto plazo. Nos exhortamos unos a otros: «Comprométete con la Tierra y vive como artista y activista». Estamos todos juntos en esto. No tenemos enemigos. Hay que acabar con la economía del despilfarro y la contaminación, de la extracción y la explotación, de la codicia y el ego, mediante la participación universal. Políticos y poetas, industriales y artistas, creadores y consumidores, todos debemos unir nuestras manos y permanecer unidos para superar los peligros de la contaminación y evitar la crisis de la catástrofe climática.

Al actuar para lograr la transformación exterior, también actuamos por la transformación interior. Si nuestras mentes están contaminadas por la avaricia, el miedo y el ansia, damos lugar al descontento, el consumismo y el materialismo, que provocan la contaminación de la Tierra y de nosotros mismos. El paisaje exterior y el paisaje interior son dos aspectos de una misma realidad. La naturaleza exterior no está separada de nuestra naturaleza interior.

La vieja historia de división y separación debe dar paso a la nueva historia de unidad y conectividad, entre lo interior y lo exterior, y entre la Naturaleza y los seres humanos. Meditación y acción, intuición y razón, mente y materia, silencio y palabra, interior y exterior, izquierda y derecha se complementan. Cultivar la compasión interior y la conservación exterior es la forma de abrazar el nuevo paradigma holístico.

Sanamos las heridas causadas por la vieja historia de separación y dualismo, el prejuicio de nosotros y ellos, las divisiones de clase, casta, raza, religión, identidad y nacionalidad. Aplicamos el bálsamo del amor incondicional e ilimitado para sanar los conflictos entre las personas y entre las personas y el planeta.

Trascendemos las divisiones y celebramos la diversidad al tiempo que abrazamos la unidad de la vida. Recordamos que la unidad no es uniformidad. La unidad se manifiesta en la biodiversidad, la diversidad cultural, la diversidad de la verdad, la diversidad de pensamiento y opinión. La evolución favorece la diversidad. Desde el *big bang*, la evolución ha trabajado sin cesar durante miles de millones de años para crear diversidad en todos los sentidos. Apreciamos la diversidad de lenguas, religiones e identidades, al tiempo que permanecemos unidos en el compromiso total de no hacer daño a nuestro precioso planeta; no hacemos daño a sus gentes, sus criaturas, sus bosques y sus aguas.

Defendemos los derechos humanos y también los derechos de la Naturaleza; los derechos de todos los seres vivos. La Tierra no es una roca muerta, es Gaia, un organismo vivo. Como dijo William Blake: «La Naturaleza es la imaginación misma». Y en palabras de Shakespeare, hay «lenguas en los árboles»: sí, los árboles hablan y nosotros escuchamos. Shakespeare señaló también que «hay libros en los arroyos [...], sermones en las piedras»: sí, aprendemos a leer los libros de los ríos y de las piedras. No necesitamos ir a templos o iglesias si no lo deseamos; podemos escuchar las enseñanzas de paz, paciencia y resistencia del mundo natural si tan sólo escuchamos.

No medimos el valor de la Naturaleza en términos de su utilidad para los humanos, sino que reconocemos el valor intrínseco de la Naturaleza y de toda la Tierra. La Naturaleza no es simplemente un recurso para la economía, es la fuente de la vida misma. Vivimos en armonía con la Naturaleza, con la Tierra y con todos los seres vivos; con el mundo humano y con el mundo que no es humano. Incluso cuando no alcanzamos la armonía absoluta mantenemos que es un ideal por el que merece la pena luchar.

Puede que nos llamen «idealistas», pero ¿qué han conseguido los realistas en el mundo? La crisis climática no es obra de idealistas. Son las actividades de los realistas las que están causando el cambio climático, la desaparición de la biodiversidad y la contaminación del aire, el agua y el suelo. Bajo la vigilancia de los llamados realistas, las guerras y otras tragedias humanas han crecido exponencialmente a escala mundial. Los realistas han gobernado el mundo durante demasiado tiempo y lo han fastidiado. Ya es hora de dar una oportunidad a los idealistas. Somos los gentiles héroes de nuestro tiempo. Nuestras acciones en nombre del planeta y su gente son actos de amor.

## 22

# *Los cuatro obstáculos para el amor*

*El amor es más profundo que la razón.*

E.E. CUMMINGS

El amor es la suspensión de la duda. Para amar, necesito creer en mí mismo y creer de todo corazón en las personas que amo. Como dijo Tolstoi: «Cuando amas a alguien, amas a la persona tal como es, y no como te gustaría que fuera». Surgen cuatro obstáculos para el amor porque queremos que las personas piensen, hablen y actúen de un modo que satisfaga nuestras expectativas. Cuando no lo hacen, caemos en los hábitos de criticar, quejarnos, controlar y comparar.

Estos cuatro son los obstáculos destructivos del amor.

### Criticar

Cuando criticamos a los demás, estamos juzgándolos. De hecho, estamos diciendo: yo tengo razón y tú estás equivocado. Estamos en que sólo hay un camino correcto, y es el mío: quiero que hagas las cosas a mi manera. Eso es arrogancia. El amor y la arrogancia son como la tiza y el queso; no van juntos. El amor es fruto de la humildad.

El amor no es esclavitud. El amor es unión y pertenencia. El amor no es la fusión de dos almas. Las matemáticas del amor dicen que uno más uno son once, no dos. En el arduo, imprevisible y maravilloso viaje de la vida, el amor es una promesa de compañía. La crítica es consecuencia de la duda en la capacidad del otro para hacer lo correcto. Dejemos que la luz del amor entre en nuestras almas y disipe la oscuridad de la duda. El dios del amor reside en el templo de la confianza.

Hemos sido educados para cultivar una mente crítica en todas las circunstancias. Hemos sido condicionados a pensar que la duda es siempre algo bueno. La metodología de la duda cartesiana se ha colocado en un pedestal muy alto y se utiliza como base de la mayoría de los sistemas educativos.

El pensamiento crítico y la metodología de la duda son útiles en el campo de la filosofía y otras actividades intelectuales. Pero cuando se trata del amor, la amistad y las relaciones, hay que sustituir la crítica por el aprecio. La confianza debe ocupar el lugar de la duda en nuestros corazones. Las relaciones y el amor crecen en la tierra del corazón, y el corazón se nutre del néctar del amor.

La duda nos priva de relaciones profundas y duraderas. La duda nos impide comprometernos a largo plazo. No sólo en las relaciones amorosas tenemos que dejar de dudar. Incluso en nuestra vida laboral, tenemos que comprometernos con algo que amamos y seguir nuestro camino a pesar de los altibajos, las dificultades y los obstáculos, los riesgos y las incertidumbres. No debemos criticar nuestras propias esperanzas y sueños.

Ya sea que nos guste la jardinería o la cocina, bailar o cantar, cultivar o fabricar, tenemos que ignorar el miedo al fracaso y las perspectivas de éxito. Simplemente debemos confiar en nosotros mismos y seguir a nuestro corazón. Ese es el camino del amor.

## Quejarse

Cuando nos quejamos, también estamos juzgando. Estamos diciendo a los demás: has actuado de forma descuidada; hay un determinado estándar de comportamiento y tus acciones están por debajo de ese estándar. Consideramos que su conducta es irresponsable o censurable. Quejarse es agresivo, y ser agresivo es como ser un par de tijeras, listo para cortar el corazón en muchos pedazos.

El amor no es cuestión de expectativas. El amor consiste en aceptar incondicionalmente al otro tal como es. Todos somos diferentes y únicos. Eso es tan hermoso. El sol del amor sale en el amanecer de la diversidad y hace florecer mil flores. El amor proclama: *Vive la différence!*

La queja nace de la falta de aceptación y de confianza. Así pues, la queja y la duda son compañeras de cama.

Hay lugar para quejarse contra la injusticia social, la degradación del medio ambiente, la discriminación racial y otros sistemas similares de despilfarro, contaminación y violencia. En estas situaciones, tenemos derecho a quejarnos, oponernos y protestar, pero sin odio y sin insultar a los defensores del orden injusto. Podemos y debemos alzarnos para defender la verdad, la integridad y la belleza. Pero debemos hacerlo con amor y compasión en nuestros corazones por aquellos que, en su ignorancia, perpetúan sistemas sociales injustos.

Mahatma Gandhi se levantó contra el colonialismo y el imperialismo, pero lo hizo con mucho amor hacia los responsables de la colonización. Del mismo modo, Martin Luther King fue una encarnación del amor por quienes infligieron las heridas del racismo a los negros estadounidenses. Utilizó el poder del amor para hacer campaña enérgicamente contra el racismo y la supremacía blanca en

Estados Unidos. Quejarse con amabilidad puede ser una tarea ardua y, sin embargo, es perfectamente posible hacerlo.

Sin embargo, lo que es apropiado en un contexto social y político puede no serlo en las relaciones personales e íntimas. En nuestras interacciones con amigos y familiares, con colegas y compañeros, debemos caminar por la senda de la atención y no por la de la queja. Todos cometemos distintos tipos de errores. Cometer errores es completamente normal y natural. La única forma de crecer es aprender de nuestros errores. El aprendizaje nunca se detiene.

Bajo la luz del amor, pasamos rápidamente de la queja a la compasión.

## Controlar

El deseo de controlar a los demás es contrario al amor. Al desear controlar a los demás, me estoy colocando en una posición superior, en una posición de ego. El ego es enemigo del amor. Para estar en el amor, tenemos que pasar del ego al eco. Como hemos visto, *eco* viene del griego, que significa la casa y los miembros de su familia. Cuando estoy verdaderamente enamorado, estoy relajado y tranquilo. Estoy despreocupado. Estoy en casa.

En un hogar amoroso, hay verdadera mutualidad y reciprocidad. Nadie es inferior ni superior. Todos cuidan de los demás. En un hogar, experimentamos el amor maternal, el amor paternal, el amor fraternal, el amor romántico, el amor erótico, el amor culinario; hay amor en cuidar y compartir. El hogar ideal es una zona libre de control.

El amor no es posesivo. El amor es liberador. Cuando estamos enamorados, participamos en el proceso de vivir, en lugar de desear estar al mando de la vida de los demás.

El deseo de controlar a los otros es desconfiar de su capacidad para autogestionarse y autorganizarse. El deseo de controlar a los otros es negar la verdad de que todo el mundo está dotado de su propia integridad e imaginación.

El único uso constructivo y verdadero del control es el control de uno mismo. Podemos controlar nuestra ira, nuestra codicia y nuestro ego. Ese autocontrol puede liberarnos de conflictos, enfrentamientos y guerras. Si pasamos del control a la conciliación, podremos vivir entre los demás con un sentido de comunidad. Podemos crecer en el jardín de la generosidad. Podemos experimentar un profundo sentido de gratitud y gracia. Podemos nadar en el mar del amor.

## Comparar

Cuando comparamos a una persona con otra, entramos en la guarida del dualismo. Estamos atrapados en el concepto de lo bueno y lo malo, lo correcto y lo incorrecto. Como exhorta el poeta sufí Rumi: «Hay un terreno más allá del bien y del mal. Encontrémonos allí». Ese es el campo de la amistad y el amor incondicional, donde trascendemos la tiranía de la comparación y volamos sobre las alas de la sabiduría. Todo tiene un lugar, y todo es bueno en su lugar.

Un árbol no discrimina entre un santo y un pecador. Ofrece su fresca sombra y su fragante fruto a todos y a cada uno, sean quienes sean: pobres o ricos, sabios o tontos, humanos o animales, pájaros o avispas. Un árbol ama a todos y no compara a nadie. Aprendamos a amar de un árbol.

Cada persona es única, un regalo especial del universo. Cuando estamos enamorados, valoramos y celebramos la dignidad intrínseca de nuestros seres queridos sin compararlos con nadie. Todos y cada uno de los seres vivos merecen ser apreciados y queridos en sus propios términos.

Debemos distinguir en nuestra mente entre *tener* un amante y *ser* un amante. Cuando deseamos tener un amante, probablemente comparamos a una persona con otra. Pero cuando deseamos ser un amante, es más probable que superemos las comparaciones. Los pragmáticos comparan y contrastan. Los amantes aceptan y se alegran. Cada beso es un éxtasis único en sí mismo. ¡No pueden compararse dos besos!

# Meditación sobre los cuatro obstáculos para el amor

---

Que evite criticar, quejarme, controlar y comparar.

En cambio, que practique la compasión, el consuelo, la conciliación y la comunicación.

Además, que cultive la cortesía y la atención.

Que aprenda a apreciar y elogiar a los demás y a dar gracias por todos los dones que me ofrece la vida.

# 23

# *Caminar*

*Camina como si besases la tierra con los pies.*

THICH NHAT HANH

Caminar es tanto una metáfora como un acto. Cuando ponemos la teoría en práctica, integramos el ideal con la realidad.

Existe una conexión implícita entre este pensamiento y la escuela de los filósofos peripatéticos. Fue Nietzsche quien dijo: «No confíes en una filosofía que no haya sido puesta a prueba caminando». Los teólogos tienen sus claustros en torno a un patio monástico, y las iglesias y catedrales tienen a su alrededor espacios sagrados para caminar mientras se medita sobre los misterios de la fe y la metafísica de la existencia. Los peregrinos van a pie en viajes sagrados para alcanzar destinos divinos. Caminan alrededor de los picos sagrados del Himalaya, o hacia la confluencia de ríos sagrados, o hacia los lugares asociados con profetas, poetas y místicos. El acto mismo de caminar es tan significativo para los peregrinos como el hecho de llegar. Caminar es una acción espiritual de autodepuración, autotransformación y autorrealización.

Los activistas medioambientales, sociales y políticos caminan en protesta contra la contaminación, la explotación y la injusticia perpetuadas por quienes detentan el poder. La Marcha de la Sal hacia el mar de Mahatma Gandhi y la marcha de Martin Luther King sobre Washington fueron actos de defensa política y despertar espiritual.

Millones de seres humanos han caminado para poner fin al colonialismo, el racismo, el sexismo y el militarismo. Para mostrar su solidaridad con los pobres y los oprimidos, creativos culturales de todas las edades, nacionalidades y tendencias políticas han caminado para proclamar su apoyo a la sostenibilidad, la espiritualidad, la justicia, la paz, la libertad, los derechos humanos y los derechos del planeta.

Mi maestro y mentor Vinoba Bhave recorrió cien mil kilómetros a lo largo y ancho de la India durante quince años, persuadiendo a los terratenientes ricos de que compartieran sus propiedades con los jornaleros sin tierra en nombre del amor y la justicia. Fue un milagro que consiguiera abrir los corazones de estos terratenientes y reunir cuatro millones de acres de tierra en donaciones, que luego distribuyó entre los desposeídos y desposeídas. Fue su caminar lo que inspiró e impresionó a los ricos para que se desprendieran de sus tierras. Afirmaba que caminaba porque le «movía el amor».

A mi madre también le gustaba mucho caminar. Tenía una pequeña granja a una hora a pie de nuestra casa en Rajastán. Nuestra familia había sido bendecida con un caballo y un camello, pero mi madre nunca montaba en animales. Siempre iba a pie para llegar a la granja. Nuestra tradición religiosa, el jainismo, nos obligaba a respetar a los animales y a no infligirles ningún sufrimiento ni penuria indebidos. Si alguien le sugería que montara a caballo, ella sonreía y respondía simplemente: «¿Qué te parecería si el caballo quisiera montarte a ti?».

A menudo acompañaba a mi madre a la granja o a hacer recados. Mientras caminábamos, me contaba historias y cantaba canciones. Me señalaba los milagros de la Naturaleza que la mayoría de la gente daba por sentados. Para mi madre, pasear era una fuente de alegría y un acto de amor.

Y así es también para mí. En mi infancia me hice monje jainista. Caminé descalzo durante nueve años, sin viajar nunca en coche, tren, avión o barco. Ni siquiera utilicé la bicicleta. Mis pies se hicieron anchos y firmes. Caminé sobre arena y guijarros, con calor y con frío, sin calcetines, sandalias ni zapatos. Y, sin embargo, en mi mente sentía que caminaba sobre pétalos de rosa. Mi gurú me dijo: «Practica la gratitud hacia la Tierra que te sostiene sobre su espalda y te permite caminar». Era su forma de enseñarme una lección de espiritualidad de la Tierra. «La gente ara la Tierra, la pisa, cava agujeros en su cuerpo y, sin embargo, la Tierra perdona. Es tan generosa que, si plantas una semilla, te devuelve mil frutos. Así que medita sobre el amor incondicional de la Tierra y practica el mismo tipo de compasión, generosidad y perdón en tu propia vida».

Con el tiempo abandoné la orden monástica jainista, pero no mi amor por el senderismo. En 1962, junto con mi amigo E.P. Menon, me embarqué en una Peregrinación por la Paz, caminando de Nueva Delhi a Moscú, París, Londres y Washington DC. Caminamos casi trece mil kilómetros sin un centavo en nuestros bolsillos. Tanto si conseguimos traer más paz al mundo como si no, lo cierto es que encontré la paz dentro de mí caminando. Aprendí a confiar en mí mismo, en los extraños y en el mundo. Gané confianza y resistencia. Fui capaz de dejar atrás mis miedos a lo desconocido, lo imprevisto y lo incierto. Llegué a amar por igual montañas, bosques y desiertos. Aprecié con ecuanimidad el viento y la lluvia, la nieve y el sol. Afronté la hostilidad y la hospitalidad con humor y aceptación. Aprendí a no esperar nada y a aceptarlo todo tal como llega. Cuando no hay expectativas, no hay decepción. Caminar se convirtió para mí en una fuente de autorrealización. Ahora, caminar es más que una forma de desplazarse de un lugar a otro: es una forma de vida y un camino hacia la salud, la armonía y la felicidad.

A los cincuenta años emprendí una segunda peregrinación por las Islas Británicas. De Devon a Somerset, luego a Dorset y por el Camino de los Peregrinos a Canterbury. Caminé de pueblo en pueblo y de ciudad en ciudad, sumergiéndome en la belleza del paisaje británico. Luego, recorriendo la costa este, llegué a la isla sagrada de Lindisfarne, donde los santos celtas de la antigüedad meditaban sobre la Naturaleza en el mar.

Atravesé Escocia a pie y llegué a Iona, uno de los lugares más tranquilos en los que he estado, luego continué por la costa oeste, bajé a Gales y volví a través de West Country y sobre Exmoor, y finalmente a casa, en Hartland. Fue un viaje sagrado de más de cuatro meses y más de tres mil kilómetros, en el que disfruté de la increíble hospitalidad de gente de toda condición social. Una vez más, caminé sin dinero en el bolsillo y me encontré con muchos milagros surgidos de la generosidad y la bondad de hombres y mujeres corrientes, a los que conocí por primera y única vez en mi viaje.

Ahora tengo más de ochenta años, y gracias a la marcha no me faltan ni la energía, ni el entusiasmo, ni la pasión. Mi sistema inmunitario es fuerte. Nunca he tomado ningún tipo de antibiótico, y sólo he tenido que ser hospitalizado por una fractura ósea.

La gente me pregunta cuál es el secreto de mi buena salud. Mi respuesta es simple y llana: me encanta caminar. Es bueno para mi cuerpo, para la mente y para el espíritu. Todos los días camino y, en su defecto, doy un saludable paseo después de comer. Caminar es digestivo, refrescante y calmante. No hay palabras suficientes para elogiar el hecho de caminar. Elijo moverme y caminar, en lugar de permanecer quieto y estático.

A menudo recuerdo las palabras de John Muir: «En cada paseo con la Naturaleza uno recibe mucho más de lo que busca». Cuando caminamos, cultivamos una profunda comprensión del mundo natural. Nos enamoramos de la Naturaleza, lo que nos permite experimentarla profundamente, y esto, a su vez, nos impulsa a comprometernos con su cuidado. La celebramos y actuamos para protegerla. Este es el proceso de aprendizaje de una ecología profunda. Camino sobre la Tierra y camino por la Tierra.

La meditación caminando es una práctica espiritual magnífica. Y para quienes deseamos dejar una huella más ligera en el planeta, caminar es la forma más sencilla y fácil de reducir nuestra aportación de carbono a la atmósfera. Así que caminemos a nuestras oficinas, caminemos a las tiendas, caminemos a las escuelas, caminemos a las iglesias. Si alguien afirma que no tiene tiempo para caminar, yo le diría que tiempo no le falta. El tiempo que medimos en horas, días, semanas y meses es sólo por comodidad. En realidad, el tiempo es infinito.

## 24

# *Alimentos y huerto*

*La vida comienza el día que empiezas a trabajar en un huerto.*

Proverbio chino

Mi madre tenía un campo de unas dos hectáreas, que ella llamó su «huerto del amor». Cultivaba melones, mijo, *mung dhal* y sésamo, además de diversas verduras. Como ya he dicho, me llevaba a pasear con ella hasta el huerto, donde la ayudaba a sembrar las semillas, regar las plantas y cosechar los cultivos.

También era muy buena cocinera. «La comida es medicina y fuente de nutrición», decía mi madre. Me animaba a trabajar con ella mientras preparaba chapatis, un pan sin levadura, o *dhal* y verduras con jengibre, cúrcuma, cilantro, comino y cardamomo. Desde entonces, disfruto con la jardinería y la cocina. Cuando viví en un *ashram* gandhiano en Bodh Gaya, en el norte de la India, nuestro lema era: «Quien come debe participar en el cultivo de los alimentos, y quien cultiva alimentos debe tener suficiente para comer». El principio gandhiano de la alimentación es que debe haber la menor distancia posible entre la tierra donde se cultiva y las bocas que alimenta. Si la comida procede de tu propio huerto o de un mercado local de agricultores, entonces la comida es fresca. Si los alimentos se transportan largas distancias y se envasan en plástico, no pueden ser tan frescos como deberían. En resumen, debemos pensar globalmente, pero comer localmente.

En 1982 fundé la Small School en Hartland, Inglaterra. El primer día, cuando niños, padres y profesores se reunieron, pregunté en qué se diferenciaría nuestra escuela de las demás. La respuesta fue que todos los días, en nuestra escuela, los niños y los profesores prepararían sus almuerzos, darían las gracias y comerían juntos. La razón es simple: no se puede dar una buena educación con una mala alimentación. No sirve de nada aprender sobre Darwin y Shakespeare, ciencia e historia, si ni siquiera sabemos cómo alimentarnos. Aprender a cultivar, aprender a cocinar y aprender a comer juntos es tan importante en la educación como aprender a leer y escribir.

A muchas escuelas les traen la comida proveedores mayoristas desde largas distancias. La comida suele ser insípida. Se desperdicia una cantidad significativa, ya que los niños no la disfrutan, y luego salen a comprar comida basura llena de azúcar y sal. Aunque quizás sea más sabrosa, no es nutritiva en absoluto. Al contrario, es bastante perjudicial para nuestros hijos, ya que provoca obesidad, problemas de aprendizaje y memoria, e incluso depresión. Los jóvenes salen de la universidad con una licenciatura, un máster o un doctorado, pero muchos de ellos no saben preparar una comida adecuada. Las escuelas tienen piscinas, pabellones deportivos y laboratorios científicos, pero muy pocas tienen huertos y cocinas donde profesores y alumnos puedan cultivar y cocinar juntos sus propios alimentos. En mi opinión, todas las escuelas deberían tener huertos y cocinas. ¿Por qué prestamos tan poca atención a la alimentación cuando es una necesidad fundamental para una buena vida?

En 1991 creé el Schumacher College para la educación de adultos, y también allí apliqué los mismos principios. Todos los alumnos y participantes son invitados y animados a trabajar en el huerto y la cocina. Cuando los alumnos deciden hacerlo, no se pierden ninguna lección, porque la jardinería y la cocina son la lección.

El huerto de Schumacher College es un verdadero Jardín del Amor, algo que se celebra en un curso en particular y que me parece de lo más inspirador. El Programa de Cultivadores, que proporciona a los estudiantes seis meses de jardinería intensiva, fue diseñado para formar a los jóvenes en el arte de la agricultura regenerativa y la jardinería, y para mostrar que hay muchas opciones perfectamente viables y productivas para cultivar alimentos de forma sostenible, con sentido y amor. Al mismo tiempo, producen alimentos sanos para la universidad. Se calcula que la cocina de la universidad ahorró veinte mil libras en un solo año en productos procedentes de los esfuerzos de nuestros quince cultivadores, que labraron tres hectáreas de tierra con amor, pasión y placer ejemplares.

La agricultura industrial, la ganadería industrial, la producción de carne y la agroindustria originan el 25-30% de los gases de efecto invernadero que causan el calentamiento global. La cantidad de agua y electricidad que se utiliza para producir los alimentos del mundo con los métodos agrícolas modernos es colosal. Las formas en que esta agricultura agota y erosiona el en principio rico suelo son incalculables. Las consecuencias de este tipo de agricultura para el medio ambiente son desastrosas, mientras que la calidad de los alimentos producidos mediante estos sistemas es, en el mejor de los casos, deficiente. Los efectos de la producción y el consumo de estos alimentos en la salud humana son muy preocupantes, pero seguimos perpetuando la agricultura intensiva como si no hubiera alternativa.

La agroecología está cobrando fuerza y atrayendo la atención de quienes desean cultivar buenos alimentos de forma sostenible siguiendo el camino de la agricultura regenerativa. La mejor manera de hacerlo es alejarse del monocultivo de cosechas o de la producción de carne a escala industrial e incorporar a la agricultura el principio de la biodiversidad. Cultivar árboles, cereales, flores, frutas y verduras es el principio esencial de la agroecología. La diversidad mantiene la fertilidad del suelo y aumenta la resistencia de los cultivos.

Debido a la naturaleza industrial y mecanizada de la agricultura, nos hemos desconectado del suelo. A través de la agroecología, volvemos a conectar con el suelo y con nuestras raíces. Sin embargo, la gente duda de que estos métodos sostenibles de agricultura puedan producir suficientes alimentos para sustentar a la creciente población mundial. Es el resultado de la creencia errónea de que se pueden cultivar alimentos sin que las personas participen en el proceso de producción de los mismos. Todos necesitamos comer, pero no parece que queramos implicarnos en el cultivo de alimentos. Queremos que las máquinas, los ordenadores e incluso los robots produzcan a bajo coste nuestros alimentos y los distribuyan por todo el mundo. Esta ha sido y seguirá siendo la forma de aumentar las emisiones de carbono causantes de nuestra actual catástrofe climática. Si queremos alimentar a la gente adecuadamente sin agravar la crisis climática, entonces más de nosotros tenemos que participar en la producción de alimentos. ¿Y por qué no? Al fin y al cabo, la comida es vida. La comida es sagrada.

Para responder a la crisis del caos climático y adoptar sistemas regenerativos y sostenibles de producción de alimentos, tenemos que recuperar la dignidad de trabajar la tierra. Cultivar la tierra y producir alimentos es una vocación noble y una profesión respetada. Los alimentos no son un mero producto comercial, sino una fuente de vida y un don sagrado de la Tierra. Trabajar en la tierra como jardinero o agricultor nos beneficia física y espiritualmente.

En Schumacher College, la dieta es vegetariana. Creemos que la compasión por los animales es la base para desarrollar compasión en nuestros corazones por los seres humanos y por todos los seres vivos. Además, alimentar a una persona con una dieta basada en verduras requiere sólo una media hectárea de tierra, mientras que alimentar a una persona con una dieta basada en carne requiere unas dos hectáreas. Los animales se crían cada vez más en granjas industriales y se sacrifican en mataderos en los que el consumo de agua es inmenso y en los que muchos animales nunca llegan a ver la luz del día. Estos animales infelices son consumidos por los humanos. ¿Cómo puede la gente ser feliz comiendo carne de animales infelices? Mi consejo a las personas que comen carne es que coman menos y sólo si procede de animales criados en libertad, que han tenido vidas buenas y felices. Y en cuanto a los que quieran hacerse vegetarianos, tanto mejor. Si la comida está bien preparada, es fresca y deliciosa, no echaremos de menos la carne.

Una vez me invitaron a una escuela primaria para hablar sobre el medio ambiente. Después de mi charla, mantuve una conversación con un alumno curioso, que empezó preguntándome cuál era mi animal favorito. «El elefante», respondí. El alumno me preguntó por qué, y le expliqué que, aunque el elefante es tan grande y fuerte, es un animal vegetariano, lo que demuestra que, para ser grandes y fuertes, no hay que comer carne. Intrigado, el alumno me preguntó cuál era mi segundo animal favorito, a lo que respondí: «El caballo». De nuevo, el alumno quiso saber por qué, y yo se lo expliqué: los caballos son tan poderosos que medimos la potencia de un motor en «caballos de vapor», y son también vegetarianos. «A partir de hoy seré vegetariano», respondió el alumno, sintiéndose ya un poco más grande y fuerte. Afirmar que no tendremos suficiente fuerza si no consumimos carne es un mito. Mi familia es seguidora de la religión jainista, y los jainistas son vegetarianos estrictos desde hace más de dos mil años. Muchos miembros de mi familia, yo incluido, han vivido una vida sana hasta bien entrados los ochenta y noventa años.

Lo ideal es que los alimentos vegetarianos también sean ecológicos. Los productos químicos son a menudo el producto del petróleo crudo que se extrae a miles de metros bajo tierra, y es este combustible fósil el que genera gases de efecto invernadero, que contribuyen al calentamiento global. Si los productos agrícolas y los cereales se cultivan con fertilizantes químicos que utilizan combustibles fósiles, y luego se transportan largas distancias utilizando de nuevo más combustibles fósiles, entonces el daño al medio ambiente disminuye el beneficio del vegetarianismo. Que los alimentos sean locales, vegetarianos y orgánicos es un proceso que debemos esforzarnos por respetar.

Tampoco debemos considerar nunca la idea de utilizar semillas modificadas genéticamente producidas por empresas multinacionales como Monsanto. Las semillas han evolucionado durante miles de años para adaptarse a las condiciones del suelo, el clima y el medio ambiente. Las semillas modificadas genéticamente se desarrollan rápidamente en condiciones de laboratorio. Estas semillas comerciales se desarrollan para obtener grandes beneficios, sin tener en cuenta los costes para el medio ambiente y la salud humana.

Para los agricultores tradicionales, la semilla es sagrada, es fuente de vida. Cada agricultor es autosuficiente a la hora de guardar sus semillas, mientras que una empresa comercial como Monsanto considera las semillas como una mera mercancía que comprar y vender para obtener beneficios y mantener a los agricultores dependientes de las empresas. Las semillas modificadas genéticamente también son antidemocráticas. Quitan a los agricultores la libertad de conservar sus propias semillas. La ilusión es que las semillas modificadas genéticamente producen cosechas más grandes, y aunque el tamaño de la cosecha aumente, el valor nutricional disminuye. Es mejor para todos comer alimentos nutritivos en pequeñas cantidades que alimentos modificados y poco saludables en grandes cantidades.

Cultivemos nuestros alimentos sanos con amor y localmente. Que sean mayoritariamente vegetarianos, orgánicos y libres de modificaciones genéticas. Comamos nuestros alimentos con amor, en pequeñas cantidades y en compañía de nuestros amigos y familiares. El amor por la comida es una celebración de los alimentos y no complacencia en la comida. Comparto los alimentos con los demás como expresión de mi amor por ellos. Una buena comida expresa mucho mejor el amor que las palabras.

# 25

# *Sencillez*

*Los grandes actos se componen de pequeñas acciones.*

LAO TZU

El amor por la sencillez es el requisito previo para la sostenibilidad, la espiritualidad, la armonía social y la paz.

La fe jainista sitúa el principio de *aparigraha* en segundo lugar después de *ahimsa*. Es una palabra muy hermosa, pero no fácil de traducir. Significa liberarse de la esclavitud de las posesiones materiales. Es un principio ecológico. Es un principio de reducción del consumo, de acumulación mínima de posesiones materiales. Si podemos arreglárnoslas con tres o cuatro camisas, ¿para qué tener diez o veinte? Al fin y al cabo, sólo podemos llevar una camisa cada vez. ¿Por qué necesitamos acumular un armario lleno de zapatos cuando nos bastan unos pocos? Y así con cada posesión material. Los jainistas deben utilizar los objetos materiales para satisfacer sus necesidades y no su codicia. Al practicar *aparigraha*, uno se libera de la carga, la preocupación y la ansiedad de poseer demasiadas cosas.

Este principio de no acumulación es justo lo contrario de nuestra idea moderna de la economía, donde la maximización de la producción y la maximización del consumo es el ideal impulsor. Incluso en la época de festivales religiosos, como Navidad y Pascua, las compras y el consumo tienen prioridad sobre cualquier ritual religioso. La gente se *consume* tanto comprando y vendiendo que le queda muy poco o ningún tiempo para su alimentación espiritual. No hay tiempo para la reflexión o para practicar un arte u oficio.

El consumismo abarrota nuestros hogares, nuestras vidas y nuestros lugares de trabajo. Nuestros armarios están llenos de ropa sin usar, zapatos, chaquetas, etc. En nuestras cocinas, hay cosas en los armarios que apenas usamos, pero que conservamos pensando que algún día serán útiles, aunque ese día rara vez llegue. Lo mismo ocurre en nuestros escritorios, donde papeles, carpetas y libros se amontonan día tras día para desordenar el espacio. Nos hemos acostumbrado a acumular y almacenar. Cuando miramos en nuestros altillos, dormitorios y armarios, encontramos desorden por todas partes.

El problema es mucho más grave que el mero espacio desaprovechado. Todos estos bienes materiales tienen que venir de alguna parte, de la Tierra y, por tanto, de la Naturaleza. La extracción masiva, la producción masiva, la distribución masiva y el consumo masivo generan residuos y contaminación a escala mundial. Si queremos amar a la Naturaleza y tomarnos en serio la sostenibilidad, tenemos que cambiar nuestros hábitos de acumular posesiones innecesarias en nuestros hogares y lugares de trabajo, y aprender el arte de vivir bien con menos.

Si los miles de millones de habitantes de este planeta acumularan, consumieran y luego derrocharan y contaminaran como lo hacen los europeos y los estadounidenses, necesitaríamos tres planetas y quizá más para dar cabida a todo ello. El hecho es que sólo tenemos un planeta, por lo que la sencillez –vivir con sencillez y dejar una pequeña huella en la Tierra– es un imperativo de sostenibilidad.

Muchos de los bienes que acumulamos se fabrican a bajo precio en países donde la mano de obra es barata, como China o Bangladés. Los compramos y pronto nos aburrimos de ellos, así que los tiramos y la tierra se llena de descartes. En cambio, la sencillez tiene en cuenta la elegancia y la belleza en cada adquisición. Todo lo que tengamos debe ser bello, útil y duradero al mismo tiempo.

Como decía mi madre: «Ten pocas cosas, pero ten cosas bonitas, para que puedas apreciarlas, usarlas y llevarlas con gusto». Esta sabiduría tradicional era de sentido común, pero desgraciadamente ya no lo es.

El amor por la sencillez es también un requisito para la espiritualidad. Para nuestro bienestar personal, necesitamos tener tiempo para nosotros mismos, para poder meditar, practicar yoga o taichí, leer poesía o libros de enseñanza espiritual y estar a gusto con nosotros mismos. Para adquirir artilugios y posesiones, trabajamos mucho y muy duro para ganar dinero, y luego tenemos que dedicar el tiempo que nos queda a comprar y gastar ese dinero. Al final, tenemos suerte si nos queda tiempo para disfrutar de las cosas que hemos acumulado. Y, sin embargo, nos quejamos de que no tenemos tiempo para nosotros mismos, para nuestro bienestar espiritual, para el trabajo imaginativo, para leer o escribir poesía, para pintar o cultivar un huerto, para escuchar música o dar un paseo.

Los hogares desordenados crean mentes desordenadas. Si vivimos con sencillez, necesitamos menos dinero. Liberados de la necesidad de trabajar más, nuestro tiempo se liberará de la monotonía y la aburrida rutina. Podemos seguir el camino de la realización espiritual; podemos centrarnos en el bienestar personal y en el desarrollo de las artes, la artesanía y nuestra imaginación. Podemos dedicar tiempo y espacio a la amistad y al amor. Es una bella paradoja: el minimalismo material maximiza el bienestar espiritual y ecológico.

La sencillez es también un requisito previo para la justicia social. Si unos pocos de nosotros tienen demasiado, otros invariablemente tienen demasiado poco. Necesitamos vivir con sencillez para que otros puedan vivir con sencillez. Algunos quieren lujos como más de una casa, más de un coche, más de un ordenador, más de todo. Esta desigualdad representa la injusticia y crea envidia y discordia social. He conocido a personas con lujos extraordinarios, y no son más felices que quienes llevan una vida mucho más sencilla. La felicidad no reside en la posesión de cosas. La felicidad reside en la satisfacción del corazón. Cuando uno sabe que lo suficiente es suficiente, siempre tiene suficiente, y cuando no lo sabe, por mucho que tenga nunca es suficiente.

Cuando hablo de sencillez, no me refiero a una vida de privaciones, de vivir con estrecheces y dificultades. Creo en la buena vida, en las cosas bellas, en el arte y la artesanía, y en la suficiencia. Creo en la alegría y la celebración. De hecho, priorizo la elegancia antes que la sencillez, que creo que es y debe ser siempre elegante por naturaleza. Todos deberíamos tener una vida cómoda y agradable. Pero actualmente nuestras complicadas vidas ya no son cómodas. Sacrificamos la comodidad en aras de la conveniencia, cuya búsqueda nos ha llevado por mal camino.

A demasiadas personas se les niega la comodidad. Si somos bendecidos con riqueza, podemos utilizarla para la filantropía, para cuidar de la Tierra y de su gente. Amar la sencillez requiere atención, conciencia y atención plena. «Cualquier tonto puede complicar las cosas. Se necesita un genio para hacer las cosas sencillas», dijo E.F. Schumacher. Y todos tenemos ese genio innato dentro de nosotros. Lo único que tenemos que hacer es prestar atención y descubrir nuestro genio para vivir bien viviendo sencillamente.

La economía de la extravagancia conduce a la guerra. La economía de la sencillez conduce a la paz. Cuando buscamos niveles de vida cada vez más elevados y un crecimiento económico cada vez mayor, buscamos monopolizar nuestros recursos naturales. Vamos a la guerra por petróleo, y por otros recursos.

De León Tolstoi a Mahatma Gandhi, todos los grandes reformadores sociales y escritores han mostrado el camino de la paz viviendo en paz y practicando la sencillez. Como dijo Tolstoi en su gran libro *Guerra y paz*: «No hay grandeza donde no hay sencillez, bondad y verdad».

## 26

# *Razón y ciencia*

*No puedes culpar a la gravedad
de haber caído en la red del amor.*

ALBERT EINSTEIN

La humanidad se encuentra en un viaje, un viaje de la separación a la relación, de la lujuria al amor y del dualismo a la unidad. Uno de los dualismos dominantes de nuestro tiempo ha sido la desconexión entre ciencia y espiritualidad, entre razón y amor. Desde la era de la razón pura, nuestro sistema educativo ha trabajado duro para establecer la convicción de que la ciencia debe estar libre de espiritualidad, y que la espiritualidad no debe tener nada que ver con la ciencia. En otras palabras, la razón debe gobernar mientras que el amor queda relegado al ámbito personal.

Durante los últimos cien años, millones de licenciados han salido de las universidades convencidos de que la espiritualidad es una cuestión de ámbito privado, cuando no algo que debe descartarse por completo. Sin embargo, esta tendencia ha ignorado a los científicos de ayer y de hoy, que no ven dicotomía alguna entre lo científico y lo espiritual, entre el amor y la razón.

El destacado poeta y científico alemán Johann Wolfgang Goethe trabajó con un profundo espíritu científico. En sus libros *Metamorfosis de las plantas* y *Teoría de los colores*, cuestionó una visión estrecha y lineal de la ciencia. Con su comprensión fenomenológica de la Naturaleza, expuso una ciencia más interrelacionada, cíclica y holística. Pero la ciencia idealista y espiritual de Goethe ha sido ignorada por los estudiantes de ciencias de la mayoría de las universidades. En cambio, se le ha valorado como un gran poeta y no como científico.

Lo mismo ocurre con Leonardo da Vinci, que es recordado como un gran artista, pero rara vez como un científico influyente. Como se interesaba por las formas vivas y abrazaba la ciencia de la calidad además de la cantidad, nuestra ciencia contemporánea de la complejidad y el pensamiento sistémico hunde sus raíces en la obra de Da Vinci. En el momento en que pensamos en una ciencia de la calidad, entra en juego lo espiritual.

Albert Einstein también fue un científico espiritual. Dijo: «Todo el que se dedica seriamente a la ciencia se convence de que hay un espíritu que se manifiesta en las leyes del universo y ante el cual nosotros, los humanos, con nuestros modestos poderes, debemos sentirnos humildes». Einstein respetaba la dimensión religiosa de la experiencia humana, afirmando que «la ciencia sin religión es ciega y la religión sin ciencia es coja». No se refería a las religiones organizadas; hablaba de la experiencia religiosa, que está más allá de los contornos y los dogmas institucionales.

Unir espiritualidad y ciencia, amor y razón, ayuda a unir sentido y medida. No hay que fragmentarlas ni separarlas. Existe una sensación de curiosidad y maravilla, de intuición e inspiración antes del conocimiento empírico a partir de la experimentación, la evidencia y pruebas que conducen a hipótesis y teorías científicas. Descartar la intuición o la inspiración no manifestadas, como hacen algunos científicos materialistas, es un grave error.

La palabra «espíritu» significa simplemente aliento o viento. No podemos ver, tocar o medir el viento, pero podemos sentirlo. Así como el viento mueve las ramas de un árbol, el espíritu mueve a los seres humanos. El aliento, o viento, es la fuerza invisible y sutil que hace posible la vida. Lo visible se sustenta en lo invisible. La realidad material exterior se mantiene unida gracias al poder de la realidad espiritual interior. Reconocer una y negar la otra es como querer que un pájaro vuele con una sola ala.

La realidad de la totalidad se compone de dos aspectos interrelacionados. Los chinos lo llaman la armonía de yin y yang. Los indios lo llaman el equilibrio de Shiva y Shakti. Lo positivo y lo negativo, la oscuridad y la luz, el silencio y la palabra, el vacío y la plenitud, el espíritu y la materia, lo no manifestado y lo manifestado forman parte de un todo único.

Unir ciencia y espiritualidad tiene una finalidad muy práctica. La ciencia sin espiritualidad puede perder fácilmente la perspectiva ética. Los científicos sin la guía de la espiritualidad se han dedicado a inventar bombas nucleares y otras armas de guerra, ingeniería genética, inteligencia artificial, granjas industriales en las que se crían animales en condiciones crueles, y tecnologías que generan residuos, contaminación y la destrucción del mundo natural. La ciencia sin la guía de los valores espirituales es responsable de muchos de los problemas a los que se enfrenta el mundo hoy en día. La ciencia necesita la ayuda de la sabiduría espiritual para mantener su integridad y modificar su poder. La ciencia por sí misma no es benigna, libre de valores, ni neutral. Sin sabiduría espiritual, la ciencia puede ser peligrosa. Puede ser objeto de manipulación por parte de los ricos y los políticamente poderosos.

Al igual que la ciencia necesita de la espiritualidad, la espiritualidad también necesita de la ciencia. Sin la ciencia, la espiritualidad puede convertirse fácil y rápidamente en fe ciega, dogmatismo, sectarismo y fundamentalismo. Las personas sin mentalidad científica afirman con demasiada facilidad: «Mi dios es el único dios verdadero y yo tengo la verdad. Todo el mundo debe convertirse a mi verdad». Esa estrecha exclusividad religiosa también ha provocado guerras, conflictos, terrorismo y división. La ciencia nos ayuda a mantener la mente abierta para que podamos buscar la verdad y actuar en beneficio de toda la humanidad y de todos los seres vivos, humanos y no humanos.

¿Queremos vivir fragmentados, como materialistas que descartan la dimensión subjetiva de la sabiduría espiritual o como buscadores espirituales que denigran el mundo objetivo de los descubrimientos científicos? La elección es nuestra. Sugiero que abracemos la espiritualidad con mentes científicas. Para mí, ciencia y espiritualidad son partes complementarias de un todo. La ciencia se basa en la razón y la espiritualidad en el amor.

Según el conocido neurólogo Iain McGilchrist, nuestro cerebro tiene dos hemisferios. El hemisferio izquierdo es el lugar de la ciencia y el hemisferio derecho es el lugar del espíritu, la intuición y el amor. En su libro *The Master and His Emissary*, McGilchrist afirma que el hemisferio derecho del espíritu es y debe ser la fuerza dominante, mientras que el hemisferio izquierdo de la ciencia y la razón es y debe ser el emisario. El amor duradero se logra mediante la unión de los dos hemisferios del cerebro.

Pero influidos por el funcionamiento de nuestras vidas sociales, económicas y políticas, e incluso apoyados por la educación moderna, hemos llegado a privilegiar el hemisferio izquierdo y a suprimir el derecho. ¡El emisario gobierna mientras el maestro está encarcelado!

La ciencia y la razón tienen que ver con la teoría y la medición.

La espiritualidad trata de la realidad implícita e interna. La ciencia observa al mundo y ve sus diversas partes en fragmentos. La espiritualidad mira el mundo y lo ve entero. La ciencia considera la Tierra, la Naturaleza e incluso el cuerpo humano en términos mecánicos. La espiritualidad los ve a todos como organismos vivos.

Desde una perspectiva holística y no dualista, necesitamos ambos lados. Necesitamos tener el hemisferio izquierdo de nuestro cerebro tan activo como el derecho. Nacemos con dos dones increíbles. ¿Qué sentido tiene valorar sólo uno u otro?

Restituyamos las cualidades espirituales del amor, la compasión, la humildad y la reciprocidad a nuestro sistema educativo y a nuestro mundo social, económico y político. Y permitamos que la ciencia, la razón, la medición y las matemáticas informen nuestro mundo religioso, espiritual y emocional.

La pregunta es: ¿por dónde empezamos? ¿Cómo nos aseguramos de que no haya fragmentación entre amor y razón, entre ciencia y espiritualidad? La respuesta es la educación. Tenemos que empezar por nuestros hijos. En casa y en la escuela, en los colegios y en las universidades, debemos presentar el panorama general, toda la historia: interior y exterior, espiritual y material, amor y razón, corazón y cabeza. Devolvamos el amor a la educación.

## 27

# *Aprender*

*La educación es prender una llama, no llenar un recipiente.*

SÓCRATES

La educación moderna fomenta principalmente la absorción de información y, en menor medida, de conocimientos; por desgracia, en nuestras escuelas y universidades hay poco espacio u oportunidad para incluir la experiencia y la sabiduría, la espiritualidad y el amor.

Se cree que el alumno es un recipiente vacío y que la responsabilidad del profesor es llenarlo con tanta información útil como sea posible. Esta es una interpretación errónea de la educación. La palabra educación viene del latín *educo*, que significa «conducir hacia delante» o «sacar», y la implicación es que quien educa saca lo que ya está ahí, conduce hacia delante lo que está latente. Educar es hacer explícito lo que ya existe implícito.

Podríamos comparar a un alumno con una semilla. En la semilla ya hay un árbol. Un jardinero, un hortelano o un silvicultor no enseñan a la semilla a convertirse en árbol. El trabajo del jardinero consiste en proporcionar la tierra y las condiciones adecuadas para que la semilla pueda realizarse y convertirse en árbol. Los alumnos tienen el mismo potencial innato para convertirse en lo que son a medida que maduran. La labor de un educador y, por tanto, de nuestras instituciones educativas consiste en proporcionar a los estudiantes estímulos, así como entornos y condiciones propicios para el autodescubrimiento y la autorrealización.

La educación no debe servir para la autopromoción o el interés propio; la educación no consiste en conseguir un buen trabajo para poder comprar una casa grande, un coche bonito y otras posesiones materiales para nuestra comodidad. La educación no es para aumentar el ego o alimentar el deseo de nombre, fama, estatus, reconocimiento, poder y posición para nosotros mismos. La educación es un viaje de autodescubrimiento y autorrealización al servicio de la comunidad humana y de la Tierra. Todos los miembros de la comunidad humana se benefician de la reciprocidad y la mutualidad porque todos estamos relacionados, todos estamos conectados.

La educación moderna crea adultos que carecen de las habilidades y la confianza para ser resistentes y autosuficientes, y para servir desinteresadamente.

La educación moderna crea solicitantes de empleo y empleados. Los trabajos que realizan son, en su mayoría, cuidar máquinas o llevar papeles de aquí para allá. Ni siquiera los agricultores tienen ya que tocar la tierra y las semillas, o recoger las cosechas y ordeñar las vacas con sus propias manos.

La mayor parte de la industria manufacturera ha seguido el mismo camino. Las máquinas han sustituido a las manos humanas, y en esta era robótica nos enfrentamos a la perspectiva de que los robots sustituyan cada vez más a los humanos. La educación moderna no sólo es responsable de la descualificación, sino también de la deshumanización.

Para evolucionar de la información al conocimiento y de la experiencia a la sabiduría, que es el propósito de la verdadera educación, necesitamos introducir la idea de aprender haciendo. Tenemos que usar la cabeza, el corazón y las manos para adquirir conocimientos y vivir experiencias que nos cambien la vida. La sabiduría surge cuando el conocimiento y la experiencia se encuentran. La tarea de la educación no es producir un número cada vez mayor de consumidores, sino ayudar a los seres humanos a convertirse en fabricantes y creadores, poetas y artistas, desarrollando habilidades y técnicas, fomentando el uso de sus intuiciones e imaginaciones. Como dijo una vez el periodista estadounidense Sydney Harris: «El propósito de la educación es convertir los espejos en ventanas».

Por tanto, que haya un huerto en cada escuela y en cada colegio, para que los jóvenes aprendan a cultivar alimentos. Hay que ofrecer a alumnos y profesores facilidades y posibilidades para preparar sus propios almuerzos con ingredientes sanos y frescos, de modo que las comidas escolares se conviertan en ocasiones para construir comunidad y desarrollar un sentido de pertenencia. Debemos ofrecer a todos los jóvenes la oportunidad de aprender oficios como la alfarería, la carpintería, el tejido, el zurcido y la reparación. La artesanía debe tener el mismo valor que las ciencias, las matemáticas y la literatura. Así se aprende haciendo. Como se ha dicho: «Dime y olvidaré, enséñame y recordaré, haz que tome parte y aprenderé».

Es hora de despertar y redescubrir de nuevo el significado de la educación, de transformarla en una peregrinación de autodescubrimiento. Esto sólo puede ocurrir cuando estamos preparados para aceptar incertidumbres, ambigüedades, obstáculos y dificultades. Sólo cuando tenemos problemas podemos utilizar nuestra imaginación para resolverlos, en lugar de huir de ellos. En la comodidad de las aulas podemos obtener información, en el lujo de las bibliotecas podemos obtener conocimientos, pero la experiencia sólo se adquiere en la tormenta de la vida y en el terreno impredecible de la Naturaleza.

La tecnología es seductora y un arma de doble filo. Puede ser una herramienta útil para conectar o puede ser un arma brutal para controlar. Si la tecnología es el sirviente y si se utiliza con sabiduría para mejorar las relaciones humanas, sin contaminar el medio ambiente ni malgastar los recursos naturales, entonces puede ser buena. Pero si la tecnología se convierte en el amo, y la creatividad humana y la integridad ecológica se sacrifican en su altar, entonces la tecnología pasa a ser una maldición de nuestra propia creación.

Algunos de los defensores de la tecnología digital han estado promoviendo la idea de transformar el aprendizaje presencial en un sistema de educación basado en la tecnología de internet y operado por control remoto, integrando así la tecnología digital, plena y permanentemente, en el proceso educativo. Al hacerlo, se elimina la oportunidad de establecer relaciones personales e interacciones íntimas entre alumnos y profesores.

Cada ser humano viene al mundo con un potencial único. No hay dos semillas que crezcan en el mismo árbol. La labor de un verdadero profesor es observar y detectar esa cualidad espiritual especial en un niño y ayudar a alimentarla y potenciarla con cuidado, atención y empatía. Así pues, la hermosa idea de la educación es mantener la diversidad humana, la diversidad cultural y de talentos mediante sistemas de escolarización descentralizados, democráticos, a escala humana, espiritualizados y personalizados. ¿Cómo podemos confiar en que un ordenador «haga surgir» lo que es innato y único en cualquier niño humano en particular?

Una buena escuela es una comunidad de alumnos en la que la educación no está predeterminada por autoridades remotas, sino que es un viaje de exploración en el que alumnos, profesores y padres trabajan juntos para descubrir formas adecuadas de relacionarse con el mundo y encontrar maneras significativas de moverse juntos por él. Así, la educación es un acto emergente improvisado.

La idea de un aprendizaje digital por control remoto y planes de estudios predeterminados se aleja por completo del ideal rico y holístico de la educación. La enseñanza digital mira a los niños como si fueran idénticos recipientes vacíos que necesitan ser llenados con información externa. La calidad de la información o el conocimiento que se le da al niño a distancia y digitalmente está determinada centralmente por personas que tienen un interés personal en un resultado concreto. Y ese resultado es, en gran medida, convertir a los seres humanos en instrumentos para hacer funcionar la máquina del dinero y aumentar la rentabilidad de las grandes corporaciones.

Estos sistemas centralizados y despersonalizados de educación digital destruyen la diversidad e imponen la uniformidad; destruyen la cultura comunitaria e imponen la cultura corporativa; destruyen la diversidad cultural e imponen una monocultura.

Un ordenador no puede enseñar amabilidad. Sólo en una verdadera comunidad de aprendizaje pueden los niños aprender a ser cariñosos, amables, compasivos y respetuosos. En una comunidad escolar, los niños aprenden juntos, juegan juntos, comen juntos y ríen juntos. Si tienen suerte, hacen obras de teatro y conciertos juntos. Juntos van de excursión. Es a través de estas actividades como los niños adquieren un profundo aprecio por la vida. La educación es más que la adquisición de información y hechos; la educación es una experiencia viva. Estar sentado frente a un ordenador durante horas no es forma de aprender habilidades sociales, una perspectiva ecológica del mundo ni valores espirituales.

Poner el futuro de nuestros hijos en manos de unos pocos gigantes digitales como Google, Microsoft y Amazon, y dejar que esas empresas se hagan cargo de los sistemas educativos es una receta para una dictadura digital que abre las puertas al desastre. Si las sociedades democráticas se oponen a la dictadura militar, entonces ¿por qué deberían abrazar la dictadura corporativa, y mucho menos suministrarla a sus propios hijos? Mediante tecnologías inteligentes, estas gigantescas corporaciones son capaces de rastrear y explotar cada actividad de nuestros hijos, y más tarde, cuando son adultos, mediante algoritmos y manipulación de datos, pueden ser controlados. Ya hemos experimentado cómo se han utilizado los algoritmos, la inteligencia artificial, la biotecnología, la nanotecnología y otras formas de las llamadas tecnologías inteligentes para controlar, manipular y socavar los valores democráticos. No podemos confiar el futuro de nuestros hijos a los gigantes tecnológicos que consideran a los seres humanos «riesgos biológicos». ¿Cómo podemos permitir que surja una realidad tan distópica?

En lugar de invertir en tecnología virtual, nuestras sociedades deberían invertir en las personas. Deberíamos invertir en más profesores, en escuelas más pequeñas. Deberíamos aspirar a aulas más reducidas y a una tecnología ascendente, imaginativa, benigna y apropiada. Nuestros hijos necesitan aprender no sólo sobre la Naturaleza, sino de la Naturaleza. Necesitan aprender de los bosques y la agricultura, de la permacultura y de la agroecología y la jardinería orgánica, de la vida marina y la vida silvestre. Estos conocimientos y habilidades no pueden aprenderse mirando la pantalla de un ordenador. La tecnología y la ciencia tienen un papel en la educación, pero mantengámoslas en su sitio y no permitamos que dominen nuestras vidas y las de nuestros hijos.

Estamos entrando en una nueva era: la Era de la Ecología. Por tanto, tenemos que reequilibrar el sistema educativo. Si nos centramos en un paradigma educativo holístico, podremos ofrecer ecología y economía, amor y razón, ciencia y espiritualidad. Así, creamos la educación adecuada para las generaciones venideras.

## 28

# *Generosidad*

*A menudo dices: «Daría, pero solo a quien lo mereciera».
Los árboles de tu huerto no dicen lo mismo,
ni los rebaños de tus pastos.
Ellos dan para poder vivir, porque retener es perecer.*

KHALIL GIBRAN

La generosidad es abandonar el miedo; miedo por parte del que da y también por parte del que recibe. Mis experiencias más directas de generosidad se produjeron a través de culturas y continentes durante mi caminata de trece mil kilómetros por la paz, que comenzó en la tumba de Mahatma Gandhi en Nueva Delhi y terminó en la tumba de John F. Kennedy en Washington, DC.

Viajando a pie y sin dinero, no tuve más remedio que dejar de lado mis miedos y confiar de corazón en que personas que no me conocían me darían comida y cobijo, amor y bendiciones día tras día durante más de dos años.

En la frontera entre la India y Pakistán, una de mis más queridas amigas, Kranti, vino a verme y me ofreció unos paquetes de comida.

–Al menos deberías llevarte esto –me dijo–. Vas a Pakistán. Todavía estamos en estado de guerra. En la mente de muchas personas allí, la India es un país enemigo. Por favor, toma algo de comida, y lleva algo de dinero, por si lo necesitas.

–Mi querida amiga –le dije–, uno de los propósitos de nuestra peregrinación es hacer las paces entre enemigos y experimentar la generosidad de la gente corriente. Si llevo comida a Pakistán, en realidad estoy llevando el miedo en mi corazón. El miedo conduce a las guerras. Para hacer la paz, debo confiar. Los paquetes de comida no son sólo paquetes de comida, son paquetes de miedo y desconfianza

–Estáis pasando por países musulmanes –dijo sollozando–. Por países cristianos, países comunistas, países capitalistas, lugares desconocidos, lenguas desconocidas, por elevadas montañas, vastos desiertos, bosques frondosos y nieve helada. ¿Cómo vas a sobrevivir sin dinero y sin comida? No sé si volveré a verte.

–La gente es gente en todas partes –dije, intentando tranquilizar a mi amiga–. Y la gente es generosa. Pero si de vez en cuando no consigo comida, consideraré ese día como una oportunidad para ayunar. Disfrutaré del hambre. Si a veces no consigo cobijo para pasar la noche, dormiré bajo el hotel del millón de estrellas; ¡seguro que esto será mejor que un hotel de cinco estrellas! Sobre todo, tengo fe en la gente. Estaré bien. Dame tus bendiciones. Dame un abrazo.

Nada más salir del control fronterizo en Pakistán, para nuestra total sorpresa, nos paró un joven que se presentó como Gulam Yasin. Nos preguntó si éramos los dos indios que caminaban por la paz a través de Pakistán en misión de buena voluntad.

–Sí, lo somos –le contesté–, pero ¿cómo ha sabido usted de nosotros y de nuestra marcha por la paz? No conocemos a nadie en Pakistán y no hemos escrito a nadie. Y, sin embargo, aquí está.

–Vuestra historia ha viajado por delante de ustedes. Cuando oí hablar de ustedes, pensé, bueno, yo también trabajo por la paz y quiero ofrecerles mi hospitalidad. He venido a saludarles y recibirles. Bienvenidos a Pakistán.

Apenas habíamos puesto un pie en Pakistán y ya experimentábamos un auténtico gesto de generosidad. Nos recibía un completo desconocido. Gulam Yasin nos dijo que vivía a veintiséis kilómetros, en Lahore, y se ofreció a llevarnos a su casa, donde seríamos sus huéspedes todo el tiempo que quisiéramos. Le dimos las gracias, pero insistimos en ir andando a reunirnos con él allí, a pesar del calor abrasador. Intentó hacernos cambiar de opinión, pero le explicamos que íbamos a caminar todo el trayecto como un compromiso personal con nosotros mismos. Le aseguramos que le veríamos en el punto de encuentro designado esa misma tarde, y al final cedió.

Mientras nos dirigíamos a Lahore, le dije a Menon: «Si venimos aquí como indios, nos encontraremos con pakistaníes; si venimos como hindúes, nos encontraremos con musulmanes, pero si venimos como seres humanos, nos encontraremos con seres humanos dondequiera que vayamos. Durante esta peregrinación, el cosmos es nuestro país, la Tierra es nuestro hogar y la humanidad es nuestra religión».

Como había prometido, Gulam Yasin nos recibió en la puerta de los hermosos jardines de Shalimar. El sol del atardecer se ocultaba tras la majestuosa mezquita del Viernes. El aire estaba impregnado de la fragancia de las flores de jazmín. La generosidad de la naturaleza se vio correspondida por el generoso corazón de nuestro nuevo amigo.

Mientras caminábamos hacia la ciudad, Gulam Yasin había estado ocupado invitando a sus amigos, al parecer contándoles todo sobre la llegada de dos indios idealistas, que se habían propuesto dar la vuelta al mundo por la paz. Algunos de sus amigos y familiares se reunieron en su casa para disfrutar de un magnífico banquete de comida vegetariana, aunque la familia Yasin no lo era: arroz al azafrán con pasas sultanas, almendras y cardamomo, *naan* recién horneado en un horno *tandoor*, guisantes y patatas cocinados en salsa de cebolla, ajo y tomate, y otros deliciosos platos. Observé la mesa y los rostros sonrientes que me rodeaban esa noche, percibiendo la generosidad en nuestro primer día fuera de la India, en una tierra supuestamente enemiga.

Y en los veintiocho meses que siguieron, mientras estábamos en la carretera, nos atendieron con la mayor amabilidad desconocidos en sus yurtas a tres mil metros de altura en las montañas del Hindu Kush de Afganistán, en las chozas de barro de las pequeñas aldeas situadas alrededor de los oasis en los desiertos de Irán, en las casas de campo cubiertas de nieve de Armenia y Georgia, en las cálidas granjas de Rusia, en los rascacielos de Moscú, y en las bulliciosas ciudades y suburbios de Europa. Ya estuviéramos en Berlín o Bonn, en París o Londres, en Nueva York o en Washington DC, fue la generosidad innata del corazón humano lo que nos sostuvo en todos estos lugares, a pesar de que estábamos en plena Guerra Fría. Nos acogieron en casas particulares, en albergues juveniles, en hospitales, en comisarías de policía, en iglesias y en residencias de estudiantes. Dondequiera que fuéramos, recibíamos la generosa hospitalidad de personas a las que nunca volveríamos a ver y que no esperaban nada a cambio. Esta generosidad no fue la excepción en nuestro viaje, sino la regla. La confianza genera confianza. El amor engendra amor.

Cuando nacemos, estamos desnudos y somos totalmente vulnerables. Y, sin embargo, el universo benevolente, en su generosidad, puso leche en el pecho de nuestras madres, junto con la voluntad de proteger y nutrir a sus bebés. Nuestras madres nos llevan en su vientre durante nueve meses. Sufren grandes dolores de parto para traernos a este mundo. Nos amamantan durante los primeros años de nuestra vida. ¿Qué mejor ejemplo de generosidad de espíritu podemos invocar? Todo por amor. Cada madre es una heroína. Para mí, la maternidad es sinónimo de generosidad; es nuestro ejemplo vivo de generosidad desinteresada, y las madres son la encarnación del amor incondicional. Debemos expresar nuestra gratitud a nuestras madres y rendirles homenaje reconociendo su generosidad de espíritu.

La generosidad no es sólo una cualidad humana. Cada día me asombra ser testigo de la generosidad de la Naturaleza. Hace treinta años planté un plantón de manzana. Esa pequeña planta se ha convertido en un hermoso árbol y me ha dado cientos de manzanas, año tras año, durante los últimos veinticinco. El árbol nunca me pide nada a cambio. De los árboles aprendo lecciones de amor incondicional y generosidad.

Frutas, flores, cereales, hierbas y verduras de miles de variedades, colores, aromas y formas nos alimentan y nutren día tras día. Crecen gracias a la generosidad de la humilde tierra. Y, sin embargo, demasiados seres humanos, ya sea por ignorancia o por arrogancia, damos por sentada la existencia de la Naturaleza. Démonos cuenta de la verdad de la generosidad de la Naturaleza y expresemos nuestra gratitud. Gracias, árboles; gracias, suelo; gracias, lluvia; gracias, sol; gracias, Madre Naturaleza; gracias, diosa Gaia.

La mutualidad y la reciprocidad son los cimientos de la casa de la generosidad. Como he recibido tanto de extraños, de mis antepasados y de la Naturaleza, deseo ser generoso con cualquier extraño que se cruce en mi camino. Deseo ser generoso con las generaciones venideras y dejarles cosas buenas. Y deseo devolver algo a la Naturaleza plantando árboles, cultivando mi huerto y practicando formas regenerativas de producción de alimentos como la permacultura y la agroecología.

Que todos los seres vivos de esta Tierra, humanos y no humanos, vivan bien, vivan en paz, alcancen la plenitud y se autorrealicen. Que podamos cultivar esa generosidad de espíritu en nuestros corazones para toda la humanidad y para todo el planeta.

Como dijo Pablo Picasso: «El propósito de la vida es regalarla».

## 29

# *Diez maneras de amar*

Escuchar sin interrumpir.
Compartir sin fingir.
Hablar sin acusar.
Disfrutar sin quejarse.
Dar sin escatimar.
Confiar sin vacilar.
Rezar sin cesar.
Perdonar sin castigar.
Responder sin discutir.
Prometer sin olvidar.

ANÓNIMO

# *Agradecimientos*

En primer lugar, mi más profunda gratitud a June Mitchell, mi amada esposa y compañera de vida durante más de cincuenta años, que me ha ayudado enormemente a escribir *Amor radical*. Deseo expresar mi profundo agradecimiento a Claire y Roger Ash-Wheeler, que me ofrecieron su hermosa casa junto al mar en Cornualles, Inglaterra, donde pude completar este libro en un entorno tranquilo. También mi más sincero agradecimiento a Paul Maisano por editar hábilmente este libro con diligencia y esmero. Sin la atenta consideración y la comprensiva supervisión de Hisae Matsuda a la hora de reunir todos los elementos necesarios, el proyecto de este libro no habría salido adelante. Así pues, doy las gracias de todo corazón a Hisae y a Parallax Press por su ayuda y apoyo.

En términos más generales, quiero dar las gracias a los estudiantes y profesores del Schumacher College, donde he desarrollado las ideas de *Amor radical* durante mis Fireside Chats y otras sesiones de enseñanza y conversaciones informales. Del mismo modo, doy las gracias a los editores y lectores de la revista *Resurgence & Ecologist*. Muchas de mis ideas han evolucionado a lo largo de los años mientras escribía en las páginas de la revista. Toda nuestra prosperidad es mutua, y todo nuestro trabajo es cocreación. Puede que este libro lleve mi nombre, pero las ideas e inspiraciones proceden de muchas fuentes.

editorial **K**airós

Puede recibir información sobre
nuestros libros y colecciones inscribiéndose en:

**www.editorialkairos.com**
**www.editorialkairos.com/newsletter.html**

Numancia, 117-121 • 08029 Barcelona • España
tel. +34 934 949 490 • info@editorialkairos.com